培养孩子从画画开始2（提高版）

——孩子的画如何看，怎么教

[日]鸟居昭美 著　于群 译

漓江出版社

桂图登字：20-2010-305
图书在版编目（CIP）数据

培养孩子从画画开始2（提高版）——孩子的画如何看、怎么教/（日）鸟居昭美著；于群译.—桂林：漓江出版社，2011.1(2025.9重印)
ISBN 978-7-5407-5015-2

Ⅰ. ①培… Ⅱ. ①鸟… ②于… Ⅲ. ①美术课－学前教育－教学参考资料 Ⅳ. ①G613.6

中国版本图书馆CIP数据核字(2010)第244343号

培养孩子从画画开始2（提高版）——孩子的画如何看、怎么教
PEIYANG HAIZI CONG HUAHUA KAISHI 2（TIGAOBAN)——HAIZI DE HUA RUHE KAN、ZENME JIAO

作　　者　（日）鸟居昭美
译　　者　于　群
插　　画　太原大旗童画馆

出 版 人　梁　志
策划编辑　杨　静
责任编辑　林培秋
装帧设计　尚睿一品
责任监印　黄菲菲

出版发行　漓江出版社有限公司
社　　址　广西桂林市南环路22号
邮　　编　541002
发行电话　010-85891290 0773-2582200
邮购热线　0773-2582200
网　　址　www.lijiangbooks.com
微信公众号　lijiangpress

印　　制　北京中科印刷有限公司
开　　本　880 mm×1230 mm　1/32
印　　张　6.5
字　　数　60千字
版　　次　2018年7月第2版
印　　次　2025年9月第36次印刷
书　　号　ISBN 978-7-5407-5015-2
定　　价　35.00元

Recommendation Preface

推荐序

我们要怎样教孩子画画

李跃儿

经常有父母皱着眉头来问我:“该怎么教孩子画画?”听到这样的问题，一般我都不知该如何开口给他们讲“怎样教孩子画画”。

首先，孩子画画不是教的，其次，我们也不能教孩子什么。但是不教，孩子怎么会画呢?这是家长问的又一个问题。如果我要站在那里给提问的家长讲清楚“不教孩子怎么会画画”，就要从孩子的发展规律、孩子的成长帮助以及绘画在孩子成长中的作用等等许多方面来说明这个问题，但是，这不是通过站着聊天就能给一个人讲清楚的。

我还看到，孩子们在亲子班里拿着一张纸，用笔在上面认真地“乱涂”着，他们的爸爸妈妈站在两边，像两个保镖一样直愣愣地、面无表情地看着孩子。整整两个小时的亲子课，无论孩子做什么，他们的父母都是站在那里看着。

我问他们：“你们希望你们的孩子也这样站着看别人工作而自己不动手吗？”因为孩子会模仿他们的父母，以为人就是这样的。

他们的父母非常为难地朝我苦笑着说：“我们不会画画。”

我拿了一张纸给他们，告诉他们：“不会画也得画。”

可是，他们拿着笔在那里发愁，就是没办法把笔落在纸上。

我想，他们说的“不会画画”，可能就是不会画那种“很像的画”。——比如，画一个人的脸，他最好还在笑着；画一个美丽的女人，她最好走在美丽的风景里……当我们想到要画这样的画时，我们的确会把自己愁倒，因为我们确实是不会画的。

但是，低头看看我们的孩子，他们从来不说“我不会画”。——当他们拿到纸和笔之后，就会非常自信地画起来，这就是大师！他们心灵的语言通过他们的手臂，再通过他们的手，流淌到纸上，无论画什么，都是他们想要表达的内容。问题是，很多父母却不会看这些大师的作品，他们往往会耐着性子说：“画得真好，画得真棒。”其实，他们心里在说：他还小嘛，才会这样乱涂，那就让他乱涂吧。——这样想的同时，又在着急，怎样给他找到一个人，给他们那个爱画画的孩子教一教画画，让他不要再乱涂了。

很多父母都怀疑自己的孩子是个绘画天才——这不是因为他们看到孩子画的画是他们所喜欢的、令他们惊奇的，而是他们发现，他们的孩子在发疯地画画，却因为没人教，画得“不成体统”；他们也知道，人在发疯地做一件事情时，说明在那一方面是有天才的——但是天才也需要学习和培养啊，这怎么能让“天才”的家长不着急呢？！

这本书从儿童的发展规律来讲儿童的绘画，指导父母怎样帮助儿童用绘画的语言来表达自己，并教给父母如何看懂孩子的画；从孩子的涂鸦，到教父母怎样去倾听孩子的画，这是一条成熟的帮助孩子的道路，在这个成长的过程中，孩子运用的手段是绘画。希望天下所有的父母都能看一看这本书，想必读过这本书之后，父母们就不会再问“怎样教孩子画画”这样的问题了。

（李跃儿，著名教育专家、美术教育家、油画家，曾入围“中国油画三百家”，后由美术教育转入幼儿教育，创办“李跃儿芭学园”（原名：李跃儿巴学园，幼儿园的真实场景曾被拍成电影《小人国》），著有《谁拿走了孩子的幸福》等多部教育专著，CCTV少儿频道签约专家、多家知名媒体的特聘专家，曾获得包括“中国民办幼儿教育十大杰出人物”等多项表彰。）

Preface
前　言

写这本书的初衷，是为了孩子们的妈妈。所以，请妈妈们一定要看一看我写的这本书。

已故的梅根梧先生曾经说过：“现如今的日本教育已经陷入了一种很疯狂的状态。”这位担任过日本教育学会会长，曾经作为领军人物活跃在日本战后教育界的老先生，在他的最后一本书《关于教育的谈话》中这样批评日本的教育状况。这位为了日本教育的民主改革和发展而奋斗终生的老先生，在他这本类似临终遗言一样的书中，竟然用这样的词汇来形容日本教育面临的严峻形势，让我们不仅不得不为此感到担忧，而且更加感到遗憾。

在这场教育危机中，最令我深感意外的是妈妈们的态度。面对当今不正常的教育形势，大多数的妈妈们不但不进行反思，反而起着推波助澜的作用，以至于令自己的孩子也陷入了这种疯狂的状态。孩子们的不幸，是最令我无法忍受的，于是我写了这本书。希望能够通过孩子们的画，让大家知道当教育违反了儿童的发展规律时，会给孩子带来什么样的不幸。

在读者当中，肯定有不少妈妈认为这不过是孩子绘画中的问题。但是，绘画对于幼儿来说有着重要的意义。因为绘画能力的发展，对于孩子的人格形成，对于孩子各种能力的发展，都起着十分重要的作用。

希望妈妈们一定要充分理解绘画和儿童发展之间的重要关系，成为能够守护孩子健康发展的妈妈。妈妈是最有权利守护孩子健康发展的人，是孩子成长过程中最重要的责任人。妈妈们也最能够理解和支持为了孩子的健康发展而尽心竭力的老师们。希望妈妈们一定要和幼儿园以及学校的老师携手，一起来守护孩子们的幸福，为孩子们的健康成长而努力。

妈妈们改变了，孩子就会发生改变。而孩子们的改变，才能引起我们的社会的变革。

鸟居昭美

Contents
目录

01 第一章

孩子的成长及绘画的作用

1.1　成人的画和孩子的画有何不同

● 被误解的儿童画

就像我们对孩子的称呼分为婴儿、幼儿、少年和青年那样，孩子的画，也像他们的年龄一样，随着发展阶段的不同有着非常大的变化。如果拿孩子的画和成人的画作比较的话，就好比用数万年前原始人的绘画和现代人的绘画来比较，之间存在的区别不可同日而语。

尽管有如此巨大的不同，今时今日，仍然有很多成人无视这种差异，随便把成人的画带入孩子的生活，想要教孩子去画成人的画。甚至把美术教育误解为教孩子画成人的画。而实际上，美术教育应该是顺应孩子的身心发展规律培养孩子画出属于自己的作品。

● 教孩子画成人画的误区

现在，有许多家长喜欢带一两岁的幼儿去美术馆参观，让孩子欣赏超越他们理解能力的成人画，并想教授孩子绘画技巧。其中，甚至有教幼儿画裸体素描的绘画教室。这是一种从根本上忽视儿童身心发展规律的风潮。在这里，让我们通过分析孩子画成人画的弊端，考虑一下成人画与儿童画的不同之处。

成人希望教给孩子画的画，比如郁金香、小兔子、小汽车、蝴蝶，通常是像下面图 1 中显示的那种简笔画。乍一看，

图 1

好像是为孩子画的画，但实际上那不是孩子的画，而是成人的画。要求成人画这种画给他们看的孩子之中，即使是两岁的孩子也会“画一个，画一个嘛”地撒娇央求，如果成人不画，孩子就会又哭又闹，直到成人画给他们看才停止，心情变得好起来。孩子高兴的是成人为他们画画了。但是，作为成人的我们，如果是因为孩子的央求，为了他们高兴就给他们画那样的画，甚至教孩子也画那样的画，以长远的眼光来看待这个问题的话，这样的教育方式对于孩子的幸福和发展，真的有益处吗？

● 对孩子唯命是从的父母

按照一般的育儿常识，我们做父母的会不会因为孩子的央求，就只顾着孩子高兴，也不管孩子是不是好好吃饭，给孩子口香糖、糖果、汽水一类的东西呢？当然，我们不会做这种傻事。因为我们都知道，如果以这种方式养育孩子，孩子的食欲就会减退，还会长蛀牙，那样只能养育出体弱多病的孩子。再举一个例子，我们会不会因为孩子想看电视，看到电视节目就高兴，就让孩子看着电视长大呢？这样的孩子，满脑子记住的都是电视里的商业广告歌，嘴里说的都是电视节目台词。由于我们知道电视对孩子的正常发展是有危险的，所以只要是有心的父母，即使知道孩子喜爱看电视，也尽量避免让语言发展关键期的幼儿长时间地看电视。

但是，在今时今日，这样的教育理论正在崩溃。对孩子唯命是从的家长越来越多了。从这样的家长那里，我们经常可以听到他们谈到孩子到了青春期时出现反社会的行为，同时听到他们痛恨自己，感慨此时开始教育已经为时晚矣。

● 聪明的父母这样做

因为是孩子想要的、喜欢的，父母就满足他们，这样的教育方式可以说既有利又有弊。

面对心智未成熟幼儿的种种要求，父母要根据孩子的身心发展规律区别对待，这种明智的判断力可以称为成人的育儿智慧。如何界定满足孩子的要求是好还是不好，涉及家庭教育的根本问题、父母教育的执行力度、作为社会人的父母的义务，以及伦理问题。对于孩子，对于社会，如果是不适当的要求就不应该给予满足。如果孩子有对于自己的发展，对于社会生活不适当的要求，也应该让孩子自己打消这种行为的欲求。父母如果明白孩子的要求不适当，就应该克制自己想要满足孩子的欲求，这样才是作为孩子人生道路上引路人的父母应尽的职责。

● 孩子画不出画的原因

成人教授孩子画画，会出现什么样的后果呢？如果是两三岁的孩子，成人一旦教过孩子怎么画画，孩子虽然一见到成人画的东西就非常喜欢，但是到了孩子应该独立画画的阶段，就只能模仿以前成人教授过的东西，而不能自由地画出用来表达自己感受的作品了。

孩子自己的感受，被先入为主的成人所教授的绘画形式阻碍，不能够自由地表达出来。也就是说，孩子已经不可能忘我享受自由表达的乐趣。这样的孩子，由于画不出自己的画，只能复制成人教授过的东西，在成长的过程中始终无法体会自由表达的喜悦。因此，无法画出有创造性的作品，也就容易变成不喜欢绘画的孩子。

事情还不仅如此。本应借助绘画活动来培养人类的创造性和情操的发展，也因此受到了阻碍。

在我漫长的教师生涯和美术教育的研究活动中，遇到很多不会画画的孩子，即不会创造性地自由画画的孩子，其中绝大多数并不是孩子的原因，而是成人的原因。其中，有些是因为父母把绘画和文字（书面语言）的发展顺序打乱了，有些是因为成人从很小就开始教孩子画画。

在以前，九到十岁的孩子中才会出现画不出来画的孩子，或是讨厌画画的孩子。而最近，在四五岁的孩子中，这种现象就开始出现了。这对于孩子的人生和我们的社会来说将意味着什么呀！

众所周知，绘画被称为美术活动或艺术活动，另一方面也被称为表达活动或创造活动。绘画是依赖人类的创造力产生的一种活动，由此而培养出来的能力就是表现力和创造力。关于表现力我们在以后会详细讲述，在此我们集中分析人类的创造性。

● 培养人类创造力的关键期

人类创造新生事物的能力，即所谓创造力，不仅是对于绘画这样的艺术活动来说，是非常重要的能力，大而言之，这是一种开创人类文化和文明的能力，而人类的道德也是基于创造力而产生的，知识学问更是人类创造力的产物，国家、社会也是人类创造出来的东西。由于人类的创造力，产生了家庭、农业耕作、人类所有的文化文明、劳动活动，以及社会。这些都是人类创造力的产物。因此，创造力对于人类来说是一种不可或缺的根本能力。创造力的枯萎意味着自发性、自主性，甚至是自制力的衰退。孩子的幼儿期及少儿期的绘画活动，可以说是培养孩子作为人的根本能力——创造力的关键期。

● 孩子就是艺术家

儿童时代中的幼儿期和少儿期，是人的一生中创造力异常活跃并充分发展的时期。因此，儿童的这个时期可以称为艺术适应期。

我们成人想要画画的时候，即使买齐了各种画画用具，也往往拿不起画笔。但令人既羡慕又嫉妒的是，孩子们却不是这样，他们在创造性的生活中每天都能获得感动，他们能够随时畅快自由地开始艺术创造活动。这是他们正在度过所谓艺术适应期的证据。如果教育方式不当使得这时的孩子变成不会画画的孩子，那就意味着在这段珍贵的艺术活跃期里，孩子的艺术之花未能开放，在孩子最应爆发旺盛创造力的时期反而扼杀了孩子的创造力。这对于一个孩子来说，是多么遗憾的事情啊！

然而这种不幸，不仅仅是孩子一个人的不幸。因为现在的孩子终有一天都要为人父、为人母，还要成为国家、社会的主人。可以说，这种不幸是明日失去创造力的国家、民族、社会的不幸。这也将是我们老了以后的不幸。所以，成人或父母对孩子的好意有时也会伤害到孩子。

另外，慎重起见，我还要补充说一下，如果不是父母首先给孩子画画，两三岁的孩子是绝对不会主动央求父母给他们画画的。之所以这样说是因为，只有顺应自身的能力和必然规律，孩子自主自由地画画才是最自然的一种状态，央求大人“画一个，画一个”的，不是孩子的错，而是大人的错。

● 如果孩子央求你给他画画怎么办

如果由于错误的教育方式培养了一个总是央求大人给他画画的孩子，大人要负起责任，把这种错误纠正过来。

在这个世界上，尽管孩子的问题行为都是成人造成的，但令人意外的是，成人通常认为那是孩子自己的责任。例如，成人会对孩子的性格进行主观判断：“这个孩子性格内向，有依赖性。”甚至不少成人有时会用这种主观判断作为心理判断的依据。在这里，我来阐述一下解决这个问题的最基本的考虑办法。

首先，当我们面对错误的教育方式造成的问题行为时，要确信，因为孩子身心发展的力量是有无限可能性的，所以，无论什么样的问题行为都能得以纠正。

第二点，要想纠正孩子的问题行为，不可能依靠孩子本身的力量。让好的行为得以发展，就能够让问题行为逐渐消失，不要对有问题行为的孩子进行批评和责骂，要在生活中制造机会和场所，鼓励孩子的行为向好的方面发展。

具体到画画的事情上，如果孩子不断地央求大人“画一个，画一个”，成人要尽量避免用责骂的方式来改变孩子，不要斥责孩子：“画画的事不可以依赖别人，自己画！”

孩子的错误，侧面地反映了社会，包括成人的错误。孩子的问题行为也是成人的问题行为的侧面反映。单方面责骂孩子的问题行为，不仅会让孩子失去自信，还会让孩子对成人产生不信任感。这样做，也会让成人忘掉自己的责任，而采取一种极其不负责任的教育方式。昨天还在为自己画画的成人，怎么今天突然就不画了呢，这样的成人是善变的，这种教育孩子的方式也是不道德的。

成人不应该像上面描述的那样，突然翻脸责骂孩子，反而应重拾自己在绘画方面的自信。所谓在白纸上画画这回事，其本质其实是把一张干净的纸弄脏。对绘画没有自信，实际上是对于以手为主体运用某种工具使事物发生变化这件事，也就是说对于把一张白纸弄脏这种行为没有自信。因此，要想培养会画画的孩子，最根本的问题是重拾自己在绘画方面的自信。

要想培养孩子的自主性，其中一个方法，就是要保证在孩子生活环境中提供给孩子顶级的玩具：沙子和水。当他们面对沙子和水的时候，这个世界就变成了满是泥巴的世界，他们的活动内容就变成了泥巴游戏。此时此刻，发生变化的不只是周围的环境，还有他们自己也变得满身泥巴。泥巴游戏结束后，体会洗干净手脚的畅快感……以这种亲身经历为坐标轴，孩子的自主性会得到快速的恢复。然后，孩子必定会对绘画产生出热情。越是年龄小的孩子，就越能够尽早地恢复自主性。对于孩子的教育，成人难免有失误的时候。但重要的是，当注意到自己有失败之处的时候，不必过分担心，应该充分相信孩子无限发展的可能性，尽可能去改善自己的教育方式。这才是成人应该承担起来的责任。

● 成人的画与孩子的画有什么不同

如果成人教授青少年绘画技巧，不但不会对青少年的人格发展造成伤害，而且，这种教育方式对青少年来说还十分有效。那么，为什么把成人的画强加给幼儿，就会给幼儿的创造性和自主性的发展造成非常恶劣的影响呢？其实，这里不仅存在人类能力发展的规律和顺序的问题，还揭示出成人画与孩子画的巨大差异。搞清楚学龄前儿童绘画的发展轨迹，是本书的目的。首先，我们在这里概括列举五点差异特征。

1. 学龄前儿童的画是需要倾听的

只有当欣赏的人存在时，绘画作品才能成为表达某种东西的一幅画。如果没有人欣赏，一幅画只不过是被加工过的一件东西而已。成人对这一点知道得很清楚。所以，成人在绘画制作的过程中，与其说是单纯听任自己表达欲望，不如说是成人在一边客观地考虑着欣赏者的立场，一边审视、制作着自己的作品。但是，幼儿期的孩子，从不站在他人的立场审视自己的作品。只有到了青春期的孩子才会有这种考虑。著名的心理学家皮亚杰说过，幼儿思考的特征是以自我为中心。幼儿在画画的时候，完全不考虑欣赏者的想法，只要是自己想画的东西，就完全听任自己的想法，以自我为中心，快速顺畅地完成自己的作品。

但是对于一到三岁的孩子，在绘画之前，首先需要通过涂鸦活动发展他们的手眼功能。孩子的涂鸦作品，只通过观看是无法明白他们在画些什么的。三岁半到四岁左右，孩子逐渐可以从多方面运用语言，这时才开始用形状在绘画中来表现事物。尽管如此，也不能够像成人那样，完全按照眼睛观察到的画出事物的形象，而是极其象征性地、按照自己理解的样子进行绘画。

法国的研究者留凯对于儿童绘画的特征是这样说的。九岁以后的孩子，按照亲眼所见，能够画出倾向于“视觉写实主义”的绘画作品。而幼儿期的孩子，则是按照自己的感觉和认识画出“感觉写实主义”绘画作品。因此，我们可以看到，幼儿期的孩子在画大象的时候，我们能看到大象吃进肚子里的东西，画出来的房子，我们能从外面看到里面有什么摆设。由此可知，孩子们不是按照亲眼看到的样子来画，而是按照他们认识到的样子来画。

皮亚杰等研究者，对于儿童绘画的变化与儿童认知发展之间的关系非常感兴趣，他们研究了儿童空间认知能力是如何发展的。也就是说，他们研究了儿童对垂直与水平、上与下、远与近，或者位置、方向等认知能力的发展。根据研究结果，他们证实了儿童要到九至十岁左右，才能够达到和成人同样的几何空间认知水平。也就是说，成人和儿童对世界的认知方式有着巨大的差异。认知方式不同，绘画的表现方式也就有差异。成人的画与孩子的画最大不同也就在此。尊重孩子的人格，珍视孩子的绘画作品，就必须尊重这种成人的画和孩子画的本质不同。

然而要尊重成人的画和孩子画的不同，就必须明白，对成人画和孩子的画要有不同的解读方式。看成人的画，只需安静地欣赏。与此相反，对于孩子的画，与其说看画，不如说是听画。因为，如果只是安静欣赏的话，是无法理解孩子们的绘画意图的。只有听听作为作者的孩子的讲解，才能够明白他们的绘画内容或表达意图。只有这样做了，才真正完成了对于绘画作品的鉴赏活动。

而对于孩子来说，因为有了对绘画内容认真倾听、理解的人，他们的绘画活动才完整。成人的绘画作品，只有被人看到了才能成为真正的绘画作品。而孩子的画，不仅要被人看到，还要被人倾听，这样才能真正成为一幅完整的绘画作品。作为成人的我们，对于孩子的绘画作品，应该不仅看，还要倾听。

这样才能够让孩子在造型游戏中进一步体验到从事艺术活动的喜悦。

以上所述，是幼儿期美术教育的根本，孩子的画如何看，怎样教的第一要点。

2. 学龄前儿童画画不是为了兴趣

一般来说，绘画对于成人是一种兴趣。有了当然好，没有的话也没有什么大不了。但是，绘画对于孩子来说，既是长大成人过程中必不可少的学习内容，也是生活本身的一部分。

3. 对于学龄前儿童，绘画是身心发展过程中不可或缺的一种劳动形式

对于儿童的身心发展，绘画（造型游戏）就像劳动一样起着同等重要的作用。就如同人类发展史上，类人猿进化成人类之际，劳动所起到的重要作用一样，对于孩子来说，绘画（造型游戏）同样分担着这部分重要作用。学龄前儿童在日常生活中快乐地画画，或者进行其他造型游戏，对于他们成长为真正的人来说，是一种不可或缺的劳动形式。

4. 学龄前儿童用绘画而不是文字来表达

绘画作为表达自己思想与感情的一种手段，对于学龄前儿童，可以说是唯一一种能够替代文字的方式，因此起着非常重要的作用。作为能够理解书面语言这种表达手段的成人，我们能够根据阅读的文章、拼写的文字，来满足我们感受事物、表达想法的心理需要。不仅如此，在生活层面和艺术层面，成人还拥有作为人类文化的更多种多样的表达手段。但是，学龄前儿童不能够像成人一样自如运用书面语言，只有绘画能够真实记录他们的心理活动，所以有着非常重要的意义。

5. 绘画反映了儿童的人格

学龄前儿童简直就像艺术家一样，每天都会进行绘画游戏。这种生活状态也非常像艺术家。但是，和成人艺术家不同的是，成人有责任画迎合社会需求的绘画作品。如果不迎合社会的需求，画就卖不出去，绘画成了生存的必要手段。因此，为了生存，艺术家要挑战社会，有时也要向社会妥协，画画的过程中也要饱尝人生的辛酸。

与此相反，孩子在绘画过程，完全没有这些成人画家所担负的社会的责任、社会的制约和社会的利害得失，保持着完全的自由。他们因快乐而画画，保持着“艺术的纯粹”。正因为如此，孩子的画才能够成为他们整个人格的纯真反映。因此，扭曲他们的绘画作品，就如同扭曲他们的人性发展，会对他们造成沉重的打击。

二十世纪有许多画家，发现了孩子的绘画是他们整个人格的纯真反映，被孩子的绘画作品所感动，甚至希望模仿孩子从事艺术活动的方式方法和精神状态。对于孩子的发展负有重大责任的我们这些成人，首先要明白，孩子的绘画活动是孩子身心发展过程中不可或缺的文化与生活。

● 人不可能独自生存

卢梭曾经在《爱弥尔》中写道，人是作为一种脆弱的生物降生到这个世界的。

人同其他的动物相比，从与生俱来的动物本能方面来说，有着难以与其他动物进行实力对抗的弱点。人是一种如果不依赖社会团体的力量就一天都活不下去的脆弱生物。如果不学习社会和民族积累、传承下来的人类文化，就不可能掌握作为人生存下去的能力，甚至不可能成长为一个真正的人。

即使是作为一个人降生到这个世界，如果没能生活在人类社会中，也无法成长为一个真正的人。就像阿威龙的野孩，或者是印度狼孩那样的野孩事件，给我们上了深刻的一课。狼养大的孩子卡玛拉，当她八岁回归人类社会的时候，不要说说话了，就连人的最基本特征——直立行走都不会。社会团体在人类的教育方面，是作为一个人学习、发展、成熟以及生存下去的必不可少的条件。

从社会的最小单位——情投意合的夫妇组成的家庭，到地域社会、国家社会、国际社会，乃至人类社会，所有这一切都是建立在人和人的紧密联系之上的组织。如果人们之间的联系不是那么紧密的话，社会也就无法维持和发展。把人和人之间的联系进行深化和强化，正是表达的作用。

由于人们希望对自己的想法进行表达，更由于需要理解他人的表达，人们之间才有了充分的思想交流与共鸣，相互的协调与援助，在这个过程中，人们之间的关系得以强化。寻求社会关系，并把它不断强化，是作为一个人的基本需要。人类本身就是一种社会性动物，这种见解从希腊的亚里士多德时期就开始了。

人们用自己的身体、表情、声音和姿态动作，或者是口头语言、书面语言等等作为表达手段，以各种方式传递自己内心的想法，表达最终谋求的是他人对自己的承认和理解。因此，由于自己的表达，自己的真实想法获得了他人的理解和共鸣，这对于一个人来说是最根本的喜悦，也是幸福的源泉。

● 和一位失聪青年的偶遇

我曾经有过这样的经历。那是四月下旬的事情了。南国土佐的樱花已经全部凋落，到樱花树开始长叶子的季节。我因工作原因，从土佐又去了东北出差。经过爱知县的时候，看到樱花刚过盛开期，枝头上只剩了一半的樱花在开放。关东地区的樱花刚过盛开期，然而过了福岛却还看不到樱花，东北新干线附近更是冬去春来的早春景象。接着我北上来到北川，那里完全是冬天的景色。岩手盛岗的樱花才刚冒出硬硬的花苞，早晨甚至还有霜冻。

就在那个寒冷多霜的早晨，我在岩手大学的校园里散步，一眼望见雄伟的、白皑皑的雪山，好像就耸立在鳞次栉比的民宿屋顶之上，对于从南方来从没见过雪山的人，那景象真是令人惊叹。景色太美丽了，以至于让我想知道这座雪山的名字，于是我就站在路边，希望能等到过往的行人。可能是时间太早，很难见到人影。好不容易看到一个二十五六岁的男青年快步向这边走来，我急忙向他打招呼，并问道："打扰一下，请问您能告诉我那座雪山的名字吗？"那个男青年，不但不回答我的问题，还摆着手想避开我。

一时间，我有点莫名其妙，但同时我想到这个男青年有可能是个失聪的人。于是赶紧用极不熟练的手语恳求他："我不知道那座山的名字，请你告诉我吧。"这样，男青年的脸上才露出了微笑，尽管已经走出了五六步，他又折返回来，握着我的手，用食指在我的手掌上写了三个字："岩、手、山。"

岩手山——石川啄木、宫泽贤治曾经歌颂、爱戴的心中的故乡，我从盛岗的一个失聪青年那里知道了它的名字。尽管不是用普通方式，而是通过手语的表达，由于和素不相识的失聪青年做到了心与心的沟通，于是达成了我的愿望。在寒冷清晨的小路上，那个一边哈着气，一边用手指在我的手掌上写字的失聪青年给我留下了深刻印象，对他的回忆总是温暖着我的心。

关于表达这件事，擅长不擅长是其次的问题，是否能通过表达，让心和心相互沟通、理解，这才是最重要的。通过表达，让彼此沟通和理解了，人和人之间的关系才能够变得更加紧密。

● 通过绘画在孩子的心中建立对他人的尊重

孩子的画是对他们内心世界的真实表达。通过孩子的画，理解孩子的内心，然后产生共鸣，互相交流，这无论对于孩子还是成人，都是无上喜悦和幸福的。表达能够增加人与人之间的相互理解，培养对他人的尊重意识和信赖感。因此，“表达教育”就是在孩子内心铭刻和建立对他人的尊重意识的教育。

表达内心的感动和真实的“艺术的教育”，是人类最好的教育形式（哈伯特·利德）。孩子画画的本质就是这种真实的表达，美术教育的本质就是人类的教育。因此我认为，理解孩子的画，就是通过绘画去读懂孩子的心（内心的真实），就是通过人与人之间产生的共鸣和交流，在孩子内心铭刻与建立对他人的尊重意识。

1.2 成人如何参与孩子的绘画活动

● 用语言引导的方式培养孩子画画

保育员对五六岁的孩子们说："今天的午点是红薯。厨房的阿姨们把今天大家从田里挖出来的红薯蒸熟，做成了点心。等吃完红薯，我们就来画挖红薯的情景吧！"

通过这样对孩子进行语言引导，孩子们就会一边吃着红薯，一边想着挖红薯时的情景，嘴里还兴致勃勃地聊着老师和小朋友一起挖红薯的趣事。事情就这样发展下去，孩子就进入了"大家一起来画挖红薯的画吧"的火热情绪之中。

保育员的语言引导，促使孩子们进入了以挖红薯为主题的绘画活动，引起孩子们对绘画的热情，起到动机形成的作用。动机的形成，也就是给学习以动力，是在学校教室里进行教学活动的中心工作。动机的形成在教学活动中，起着相当重要的作用，它直接决定着教学活动的成功与否。

之所以这样说，是因为动机的形成所起到的作用，是点燃孩子的学习热情、明确学习方向。如果动机形成失败了，孩子就会对学习毫无积极性。尽管老师汗流浃背地讲课，也只不过变成了老师一个人的相扑比赛，孩子们却在难以忍受的无聊与厌倦中被动地上着课。

与此相反，如果动机形成成功的话，孩子就会进入自主学习的状态，孩子们的眼睛会因此而熠熠生辉，这也将给教室里带来一股活跃的学习风气。知道动机形成的意义的教师，会在如何引导授课内容，教材提示的语言等方面想办法。他们会把这件事作为教材研究的一环，不惜余力地辛苦工作。

● 语言引导为什么能够激起孩子对绘画的积极性

那么，语言引导为什么能够形成动机，让孩子对画画产生积极性呢？最重要的，是因为语言能够把不在眼前的事物描述得就像正在发生一样，这是语言描述所具有的能够传达印象的力量（表象功能）。

当老师用语言引导孩子："让我们画挖红薯的情景吧！"虽然是已经发生过的事情了，孩子们还是能在脑海中形成印象，和老师、小朋友一起挖红薯的情景就好像正在发生。如果孩子的脑海中没有对这些事物的丰富印象，到了四岁以后，孩子就画不出符合年龄特征的绘画作品。老师和朋友们在聊天中回忆起挖红薯的情景，孩子们的脑海中就会浮现当时的情景，因为对挖红薯的印象实在是太深刻了。如果孩子们非常享受挖红薯带来的乐趣，而且内心深受感动的话，就一定能画出一年一度挖红薯活动中印象最深的场面，也一定能画出从挖红薯活动扩展开的其他有趣事件。

请欣赏下面友弘小朋友的绘画作品（图 2），《挖红薯啰，嘿哟》：走向红薯地，找到红薯藤，拉开架势叉开腿，身体向后使劲拔红薯，却发现这样不能拔出大红薯。如果不挖开土壤，就不能从土里把大红薯弄出来。在这幅画里充分表达了孩子从经验中获得的感动。而且，这些是小朋友们自己在六月份种的红薯苗长出的红薯。这种生活经历更让孩子们对挖红薯产生了兴趣，对于画挖红薯的绘画活动也就更有感觉，更有积极性。

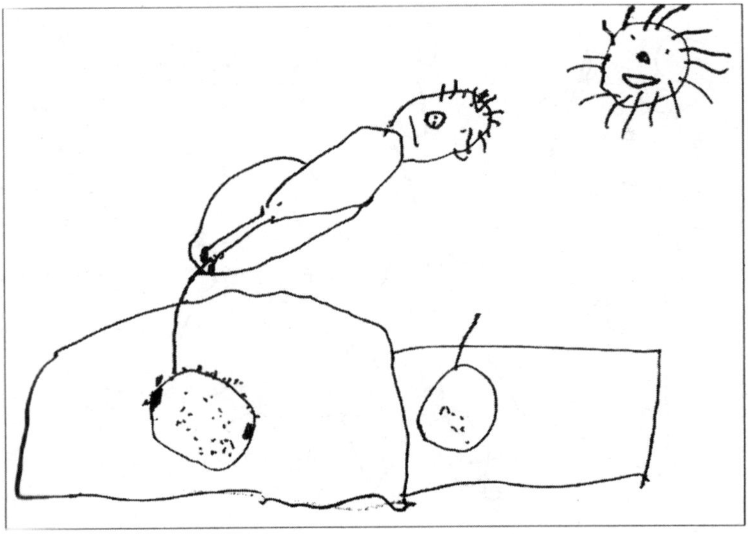

图2 《挖红薯啰，嘿哟》（五岁）

● 把语言与文字过早产生联系的孩子

语言引导方式的绘画指导，要依赖语言描述传达印象的能力，也要依赖孩子能够被摄入绘画主题的那种有魅力的、令人感动的生活经历。通过绘画指导，家庭教育和幼儿园教育就能在日常生动多彩的活动中，培养孩子用语言传达印象的能力。

孩子在获得绘画能力之前，如果被教授了成人的绘画方式，

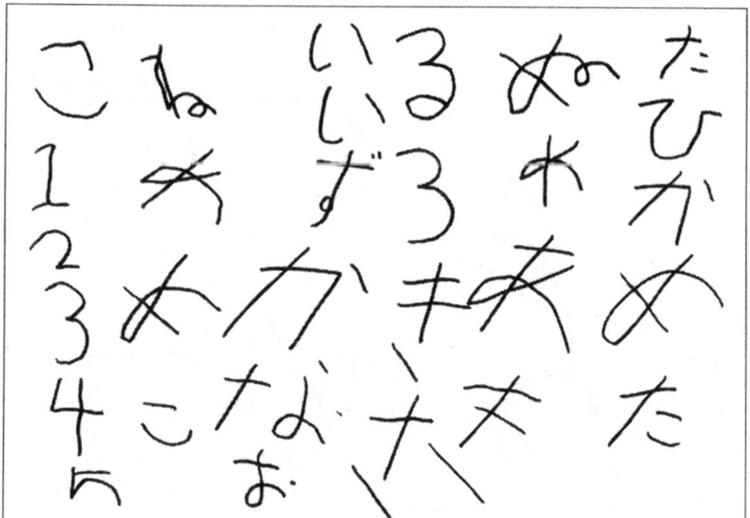

图 3　印象与文字发生联系的画

或是提前学习了文字，当孩子接受“我们来画挖红薯的情景吧”这样的语言引导时，语言不再与生活经历相联系，孩子的头脑中也不会浮现与此相关的印象，而是与被教授的成人绘画方式相联系，孩子会画出非常形式化的画来。我们把这样的画称作“概念化的画”，是以否定的态度看待这种画的。过早学习文字的孩子，当听到“红薯”这个词，脑海里不和红薯的具体形象发生联系，而是和文字发生联系。因此，孩子不能画出挖红薯的画，而是想要写“红薯”这两个字。这种在四五岁之前就过早学习过文字的孩子，口头语言的能力不能得到发展，绘画的内容不但贫乏，也不能与脑海的印象相结合，这是非常令人遗憾的（图 3）。

● 形式化和真实感受混杂在一起的画

在下面这幅画中，我们可以同时看到值得肯定的一面和被否定的一面。这幅画是五岁的值贺的作品《大家一起挖红薯》（图 4）。大家觉得这幅画所表现的内容是什么？这幅画中既有非常形式化的不太理想的部分，又有非常令人感动的融入内心

图 4 《大家一起挖红薯》（五岁）

感受的表达，大家能区分出这两者的不同吗？

当大家作为家长或幼儿园老师来欣赏孩子作品的时候，希望能对孩子融入真实感受的表达给予正面评价，通过这种表达，达到与孩子心与心的沟通与理解。孩子用心表达的部分，正是孩子满怀真诚的地方。通过绘画作品与孩子对话，是对孩子自主形成诚实人格的一种鼓励。但是，如果错误地对画中形式化的部分给予了好评，那就等于对孩子不诚实的态度萌芽进行的鼓励，助长了孩子形式主义人格的形成。

● 画中没有融入真实感受的部分

那么，这幅画中的形式主义是从哪里反映出来的呢？

首先，让我们来看四个人物形象。上面的两个人物直接反映出成人所教授的绘画形式，是成人的画，而不是孩子的画。因此，这两个人物在空中漂浮着，对于这幅画来说是可有可无的。与此相反，下面的两个人物形象的绘画方式虽然很幼稚，但对于这幅作品来说却是必不可少的重要人物。左下角的人物左手握着红薯藤，右手拿着工具，好像正在挖红薯的样子。大多数的妈妈，通常会错误地对上面两个模仿成人画的人物形象大加赞赏。

地下的红薯竟然画了十五个之多。这也是不真实的，非常形式化的画法。再看看叶子的画法，非常的马虎，不负责任。只有一处，就是正要往外拔的那根红薯藤，画得还比较认真。除此之外，山和地平线的画法，也只能说是非常马虎凑合的。

画中真情实感令人感动的部分

与上述潦草马虎的绘画方式相反，孩子在左侧画的大圆圈和右侧的大圆圈，却能够让我们感觉到孩子对绘画的热情。

孩子在左侧的圆圈内部，竟点了两百多个点，还在圆圈的周边以放射状画出了六十多条线。一看就知道，这是多么大的劳动量啊！同时也不难看出，作者对绘画有着多么高的积极性。担任班主任的松本老师，真不愧是儿童教育的专家，他能及时看透作者值贺的心思，认真倾听孩子的想法，还特意用铅笔画记录了孩子描述的内容：“那个大的，是和成找到的。”

和成挖出来的红薯不但浑身长满了毛，还坑坑洼洼的，作者值贺看到这么茁壮的一个红薯有些吃惊。对挖出这么大一颗红薯的和成满怀敬仰和友情，于是，值贺画了这样一幅红薯的画。那么，作者值贺挖出来的又是什么样的红薯呢？那就是在画的右侧画的那个圆圈。老师对作者的话是这样记录的：“这个红薯是值贺刨开土发现的。值贺挖的红薯好重啊，就连装红薯的塑料袋都给撑坏了！”红薯生长在土里，不刨出来的话根本就不知道有多大，值贺挖出来一个连塑料袋都能给撑破的大红薯，对此他十分感动，说了以上的话。大概是比不上和成的红薯吧，但值贺在尽力显示自己的红薯与和成的不相上下。

我们再一次仔细观察一下左侧值贺对和成的红薯的绘画方式。从图 4 可能比较难以看出，在红薯生长的毛毛中，其中左侧的五根是之后重新加长过的。孩子发现那五根毛画得太短了，于是添加了它们的长度。作者对于这个红薯充满了感情，即使是小小的不足也要及时纠正。我们能从这里充分体会到孩子真情实感的表达。

那么，值贺的画为什么是这种令人感动的表达与模仿成人的形式化的表达混杂在一起，变成了一幅不协调的绘画作品的呢？大家一定觉得不可思议，如果都像画那个大红薯那样，画面的整体风格统一的话，就是一幅非常好的绘画作品了。由此显示出，一旦成人教授过错误的绘画方式，孩子的蜕变是多么困难的一件事啊！孩子从形式化的绘画方式转变为创造性的表达方式，需要一个蜕变的过程。

● 感动能克服形式化的绘画方式

我们来看看值贺六个月前画的画。在这幅《我的妈妈》（图5）中，孩子画的女性形象非常形式化，是典型的公主类型或称作洋娃娃类型的画。一点也感觉不到作者的感动和生活气息。这幅按照成人教授的方式画的画，可称得上是一幅受难画了吧。

图5　形式化绘画的典型《我的妈妈》（五岁）

然而，以形式化的绘画方式画这幅《我的妈妈》的值贺的画开始发生了变化。画《我的妈妈》之后的四天左右，值贺画了这幅《蝶螈》（图6）。在这幅画中，我们完全看不到《我的妈妈》中那种形式化的僵硬的表达方式。在这幅画的一角，老师的记录中写道："从伊田得到蝶螈的早晨。"

要改变形式主义固定模式化的绘画表现方式（图 7 那样的固定模式倾向），巨大的感情能量是非常必要的。

那么，能够激起值贺对绘画的热情和感觉，成为改变他绘画方式契机的“从伊田得到的蝾螈”究竟是怎么回事呢？其实，是有人请大方区中央幼儿园捐赠蝾螈，这个人就是伊田幼儿园的老师。因此，记录中“从伊田得到的”，正确的意思应该是“从伊田幼儿园的中野幸江老师那里得到的”。五岁幼儿班里的孩子们，对于蝾螈的到来是如何的感动啊！他们见到中野老师来园

图 6　与感动融为一体的画《蝾螈》（五岁）

图 7

的时候，欢快地奔走相告“蝾螈来了”。他们甚至用蝾螈来起名字，用“蝾螈阿姨”、“蝾螈老师”来称呼给他们送来蝾螈的老师。

孩子们把蝾螈托在小手上，让它趴在床上，和小龙虾一起养在水槽里，真是视觉、触觉、运动感觉的总动员。他们通过自己的直接体验，让自己对于自然界（蝾螈）的认知，成为一种在感动中被证实的、活生生的认知。这种认知，不是那种通过电视、图片等影像获得的单调的视觉与听觉，或者是单方面灌输，令感动大打折扣的认知。孩子们获得的知识，是通过他们主动、具体、直接的学习，与感动融为一体的自然知识。关于蝾螈的知识，是孩子们在感动中进一步获得，因此，只要用语言引导孩子们画蝾螈，即使蝾螈不在孩子们的眼前，蝾螈的具体形象也会活生生地重现在孩子们的脑海中，被孩子们画在雪白的绘画纸上。

正是脑海中鲜活的、属于自己的印象，才是能够克服形式主义固定模式化表达方式的唯一契机。这才是不会画画（不能画出属于自己的画）的值贺逐渐转变成会画画的过程中的心理原因。

● 让孩子画画的是印象而不是绘画技巧

社会上对于绘画指导，广泛存在着这样的想法："不会画画，是因为不懂得绘画技巧，如果教授绘画技巧，就能画出画了。"但是，这种看法很片面。对于四到八岁的学龄前儿童，首先要考虑的不是绘画技巧，因为如果作为目标的绘画对象在孩子脑海中没有形成深刻印象的话，孩子就不可能画出画来，技巧只是实现目的的手段而已。希望大家在儿童美术教育过程中，不要把目的和内容的欠缺与技术手段不成熟这两件事混淆。这样的做法容易让我们陷入旧式、错误的技术灌输、填鸭式教育方法当中去。

如果想让绘画内容丰富多彩，语言是最重要的。语言让绘画的内容丰富，支配着“绘画活动中唱主角的手”的运动，这是孩子四岁以后绘画活动的特征。这种运动，并不是出于手的本能，而是为了表达自己的内心，在脑力活动支配下的手的运动。学龄前儿童的美术教育，要把手的功能训练作为主要内容。至于是先有语言，还是先有印象，这种以理论为根据的美术教育，要从四岁以后才开始进行。也是从这个时候起，美术教育才名副其实地可以称为智能教育。适合孩子身心发展的教育，必须要适应孩子新生能力的产生、成长和发展，并不断改变指导方式。

1.3 造型游戏培养什么

● 要在幼儿期治疗手指上的“蛀牙”

在幼儿期是左利手的人，有些到了青春期会想改成右利手。但是，据说这样的人即使是获得了右手写字的能力，或右手使用工具的能力，当工作紧张或有需要用很大力气的时候，左手和左肩还是会在不知不觉间用力，因此会感觉到左手和左肩很疲惫。另外，孩子六七岁时是左利或右利的固定化时期，如果强迫孩子做改变，就会引起语言障碍（主要是口吃）。由此可见，语言中枢和手之间有着非常紧密的联系。手的灵活性发展，如同左利还是右利的分化，是在与大脑中枢的密切联系中进行的。孩子的七八岁是奠定一生人格基础的时期，同时，在这个时期也为手的灵活性打下坚实基础。

从七十年代开始出现不会玩和不会劳动的孩子，现在，我们又发现很多孩子的手的灵活性低下。孩子们到了小学三四年级，还不会用刀削铅笔、不会系鞋带、不会系头巾、不会削苹果等等，生活自理能力非常低。对于这种现象，田中昌人先生用了一个非常好的比喻来警告大家：我们必须治疗用来“获取精神营养的口”中的“蛀牙”。一九七三年，为了孩子们身体的健康发展，提倡尽早治疗蛀牙。同样，希望为了孩子精神的健康发展，对于获取精神营养的口——手指，也要尽早在幼儿期治疗这上面的“蛀牙”。

孩子从八岁到十八岁这个阶段接受的是普及教育，到了十八岁以后，就要接受特殊的专门化教育。到那时，手指上蛀牙的治疗就很难实施了。我们来看看对手指上的蛀牙置之不理而成长起来的年轻人吃饭时拿筷子的姿势。筷子这种工具，是手指和拇指功能的延伸。但是，这种把手指卷曲成握拳的状态（图 8-1）使用筷子的方法，却不能使手指的功能得到完美的

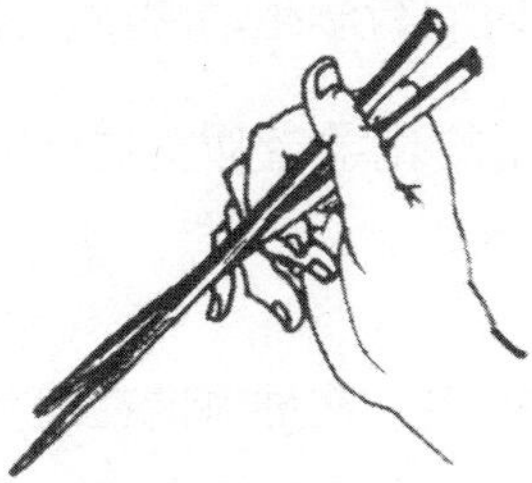

图 8-1 “手指上长蛀牙”的握筷姿势

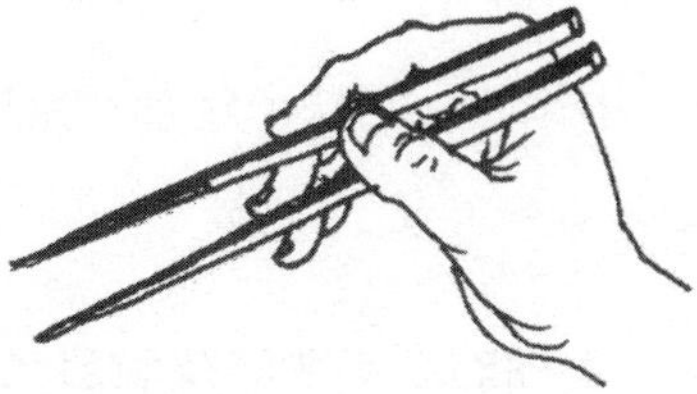

图 8-2 正确的握筷姿势

发挥。这样是。这种姿势不仅出现在使用工具或筷子时，还会出现在铅笔或钢笔的握笔姿势中。这种在手的功能、手指功能分化不成熟的状态下成长起来的年轻人，自己也会注意到自己手指的笨拙程度，但已经是非常难以纠正了。

● 如果科学工作者的手上也长了蛀牙

带着这种长了蛀牙的手进行专门的科学学习，会发生什么样的情况呢？为了做植物观察，需要用镊子、手术刀取下薄薄的组织切片，在显微镜底下做观察；操作试管、烧杯等试验器具时，大概手会不太听大脑的使唤吧。“现在的学生，连完整地洗个烧杯都做不到。放试管时，经常会把试管碰破。因此，上化学试验课前，通常要先花半年的时间教学生清洗试验用具的方法。”我们从十年前，就听到大学的化学老师发这样的牢骚了。

笨拙的手不能够按照自己的意志行事，这种事情在遇到以人的生命为研究对象的医学时，情况就变得更加严峻了。医生有可能会遇到这样的手术：切开幼小孩子手腕上的皮肤，用镊子夹着直径只有一毫米的静脉血管，把血管竖起并切下一厘米的长度，然后再固定上林格式注射用输液管。这是紧急情况下决定是否能够保住幼儿生命的手术。如果在手术的过程中，做手术的医生用拿在左手的镊子支撑住血管，用右手拿手术刀去切那根血管时，血管总是跑开，手术刀无论如何也不能像计划好的那样把血管切下来。见到这样的情景，我们一定会深切地感悟到，尽管医学界的知识和技术取得了长足的进步，但是在医学最前线，还要需要依靠手的灵活性来实现应用。

● 培养手的基本能力很重要

第一次世界大战后，作为巴黎派之一，和夏加尔、莫迪里阿尼等画家一起活跃在法国画坛的一位日本画家——藤田嗣治的绘画作品受到了大家的瞩目。他的画是以乳白色为基底，在自己制作的画布上，用日本画所使用的毛笔一气呵成的油画。其卓越的绘画技巧，引起当时世界各国的画家及美术爱好者的惊叹。

在医学界，野口英世博士以蛇毒的研究为开端，先后发现了梅毒、黄热病、粒性结膜炎等疾病的病原菌及其治疗方法而在世界医学发展史上留下伟大足迹。他用剃须刀制作标本的卓越技术，同样令世界医学界的同行们赞叹不已。

这样的艺术水平，以及对于科学发展做出贡献的专业技术，不是在青年时期的专业教育中能够很快地掌握的，其基础是手的灵活性，它在人类幼年期和人格基础同时建立完成，并在同一时期被领会与掌握。

通过手与眼的功能协调作用，能够把意识集中在笔端，用绘画工具调整水和颜料的比例，然后进行涂色；专心致志于手指尖折纸；用剪刀裁剪纸或布料，用手指涂抹胶水，用小刀削铅笔或削制篾条；用雕刻刀雕刻版木的动作等等，这些对于孩子来说都是造型游戏。通过幼儿期的造型游戏，专业技术所需要的手的基本能力才能得到很好的发展和培养。

由于国人对学历的重视，孩子的学习被局限于语文、物理、数学、社会学以及外语这五科。又由于目前的社会风气只重视孩子的应试能力，许多母亲就认为幼儿园、小学所设立的造型游戏（美术教育）简直就是浪费时间，毫无价值。甚至还会有孩子的妈妈到园长或老师那里提出要求："不要老是只让孩子画画，请你们也教教孩子算术和认字！"尽管我很同情和理解，在这种重视学历的社会中，激烈的竞争环境下，家长所表现出来的焦虑情绪，但是，我仍然认为，这是一种大错特错的教育观与学历观。因为，这样的教育是在破坏我们孩子学习能力的基础，进而影响孩子的全面发展和人格的形成。赞同这样做的家长，就是在率先谋求和推进这种错误的教育方式。

● 品德教育与造型游戏的关系

我们成人如果看到孩子在花坛里乱跑、揪花，就会斥责或教育他们，纠正孩子违反道德的行为，让他们的行为尽量符合社会行为规范。有时候，我们也会立起警示牌，或用栅栏把花坛围起来。使用禁止、命令等规范制度的管理方法，的确能够防止孩子的错误行为，让孩子形成好的行为习惯。但是，仅仅依靠教育和管理的方法，并不能使孩子形成道德自律。

如果不用以前的教育方式，而是让孩子自己建造花坛，这样的艺术教育的方式会带来什么样的结果呢？孩子四岁左右的时候，让他们怀着对来年春天的期望，翻松泥土，种下郁金香或风信子的球根。一旦是自己建造的花坛，孩子们在泥土里的球根发出的嫩芽时，会怀着对春天开花的期待去浇水、管理，这样会成功地培养出孩子珍爱生命的品德来。当其他小朋友种的球根被野狗刨出来的时候，代替生病在家的小朋友把球根重新埋进土里，这样就培养出了珍贵的友情。对于亲手建造的花坛，孩子们不但自己不会随便踩踏、摘花，还会对他人破坏花坛的不道德行为表示愤怒，这样就能够建立起孩子们的道德意识。

不用管教的方式，而是让孩子自己去“建立”，能够培养孩子更加人性化的高尚情操。道德是以美感为基础培养出来的。因此，我们见到别人不道德的行为，会用判断美丑的语言愤怒地说：“不要模仿那种丑陋的行为！”中国人会用与审美意识相关的语言来对人格进行价值判断，他们形容善良的人时会说“心眼好的人”或“心灵美的人”，而形容坏人就会说“心眼不好的人”。人格、品行的善恶用审美意识中的好与不好来形容，心灵是否美好也就成了评判善恶的标准。这也表现出审美意识是道德的基础。如果没有形成审美意识，道德意识的形成也就成了无源之水。美丽的心灵就是道德的基础。幼小孩子的绘画活动，就是在没有任何利他主义行为的造型游戏过程中，培养孩子美丽的心灵。

02
第二章

孩子的身心发展及其绘画的鉴赏方法

2.1 绘画能力的发展规律

● 猿类是不是更擅长画画

绘画能力，是基于人类哪种能力产生、发展起来的呢？猿类也会画画，但是，猿类的画，完全是无意识地随便乱画，不是表达。猿类画画，即使是两岁、四岁，甚至到了八岁，都是无意识地乱画，而不是作为表达形式的绘画（美术）。人类的孩子，从一岁开始画画，最初是和猿类一样，从随便乱画开始。研究猿类绘画的英国人莫里斯在他所著的《美术的发生》中，大量介绍了一只黑猩猩的手指画（图 9）。如果把猿类的幼崽与人类幼儿的画作比较的话，会让人感到，无论从哪方面猿类的画都称得上胜人一筹。比如，从头至尾完整地画一条线，人类的孩子要到两岁四个月的时候才能做到，而猿类的幼崽从一岁半左右、刚开始画画的时候就画得很好了，而且，猿类的幼崽画出的线条更有力度。在这方面，与猿类相比处于劣势的人类幼儿，要过了两岁四个月才能赶上猿类的发展水平。然后，到三岁半、四岁左右的时候，作为表达手段的绘画（美术）诞生

图 9　正在画画的黑猩猩（莫里斯著《美术的发生》，法政大学出版社）

了。而与此同时，猿类却始终没有从无意识地乱画中解放出来。这是为什么呢？

绘画作品，不是仅仅依靠手和眼睛的功能就能制作出来的东西。语言、感情、社会性等人类其他独特的能力相互作用，才能够产生绘画作品。猿类的画不能发展成为一种表达方式，是因为猿类不能发展出语言等能力。

日语中有一句歇后语，说的是“用一根绳可无法应付”，形容的是用单一的方法、手段难以处理的问题。在这里用来形容绘画活动再合适不过了。绘画需要多方面的能力，我们必须认识到，仅凭某一单方面能力无法解决绘画的问题。提高绘画能力，我们需要许多“绳子”。

● “一根绳式”的教育观

如今，大多数被早期教育过热现象所迷惑的妈妈们，都试图用“一根绳”的办法解决提高绘画能力的问题。就像前面写到的那样，面对如此复杂的问题，社会上广泛认为，美术教育就是教会孩子画成人的画。他们希望孩子能够早一点画画，要学会画花、画鱼、画汽车，等等。多一样算一样，最好不要落在任何人的后面，最好不要有任何的弱点。就像在用一根绳子往上拉，希望尽快提高自己孩子的能力。教孩子绘画技巧，也是为了达到这个目的。这样的家长希望一蹴而就地发展孩子的绘画能力，完全忽视了孩子大肌肉运动能力、语言能力、情感和社会交往能力的发展。

使用这种“一根绳式”方法提高孩子绘画能力的妈妈们，会以同样的方式处理孩子在英语、语文、数学等科目中遇到的各种问题。在培养孩子的文字读写能力、数字记忆力时，家长们同样寄希望于这种“一根绳式”的教育方式。有些家长甚至给两三岁的孩子买学习机和习题集。持有这种“一根绳式”教育观的妈妈过于热衷早期教育现象，在某些孤独地养育子女的妈妈中引起了“育儿精神综合征”，这种倾向还在不断地向社会渗透。三岁的孩子由于总是记不住妈妈教的字，被愤怒的妈妈体罚致死；两岁的孩子由于在洗手池淘气弄得到处是水，家长把孩子的头按进盛满水的浴缸以示惩戒，结果孩子溺水而死。现在，这样的事件经常被新闻媒体炒得沸沸扬扬。我觉得，这从一个侧面反映出了，我们的教育危机正在使我们的教育向相反方向发展，加速危害着孩子们的身心健康。我们全体家长应该努力促进教育观念的改革，使这种错误的“一根绳式教育观”，逐渐改变成为重视能力以及能力之间相互关联性的正确教育观。正确了解孩子身心发展的规律，不仅是正确理解孩子和孩子的绘画作品的第一步，更是避免出现以上列举的种种亲子悲剧的第一步。

● 文字和绘画，先出现的是哪个

为了了解孩子绘画能力的发展规律，首先让我们看一下文字和绘画在历史上是怎样的关系吧。

图 10 是数万年前旧石器时代人们的画，也是至今发现的人类原始时期中，年代最早的画。这幅画是在西班牙北部著名的阿尔塔米拉洞窟中发现的一幅壁画。是大约一百多年前（1879 年），一个叫桑图奥拉的人，和他的女儿在一次散步中，偶然发现了这个洞窟里的壁画。画面上表现出数万年前第四冰河期的情景，那是一个冰雪覆盖、异常寒冷的时期。这幅壁画上画了三十多头动物，内容大多是野生动物——人们狩猎的对象，包

括野马、野猪、野牛、鹿，等等。颜色大多是用红色和黑色，在技法上甚至用色彩的浓淡画出了阴影，使每一个动物都显得栩栩如生。这里我们介绍的，是洞窟中野牛图中的一幅。能够画出如此杰出绘画的人类祖先，不仅能画画，还雕刻了被称作“石维纳斯”的妇女雕像，其精致程度令人惊叹，连雕像的头发饰品都清晰可见。这种旧石器时代的维纳斯，不仅在西班牙被发现，在法国，乌克兰，西伯利亚的贝加尔湖边，在日本大

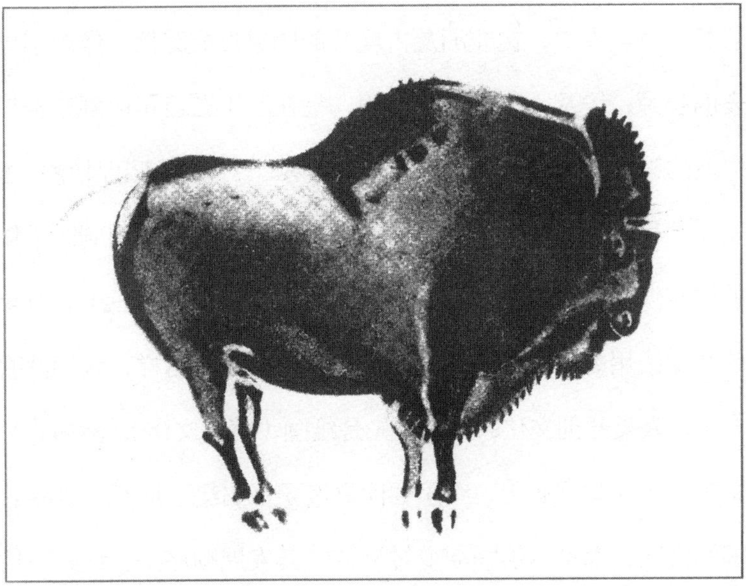

图10 阿尔塔米拉的壁画（《世界美术全集》，平凡社出版）

分县的岩户遗迹中，也都发现了同类型的圆头圆身石像。据此推测，日本旧石器时代的人类也曾经雕刻过石维纳斯。由此可见，人类在如此久远的年代里就创造了辉煌的绘画和雕刻艺术，但那时文字却还没有出现。

● 文字从绘画发展而来

文字登上人类发展史的舞台，是在西班牙洞窟壁画出现之后的一万年左右，在非洲及古埃及的国家形成时期。作为字母表的起源，埃及文字创立和使用，是在四千五百年前到五千年之前的第一王朝到古帝国时代（金字塔时代）。西亚巴比伦王国亚述王朝时代，使用的楔形文字出现在两千五百年前到四千年前的时候。我们日本人使用的文字，是在距今大约三千五百年前开始使用的，相当于中国古代殷朝的时期。这样，我们就明白了，人类开创文化的顺序首先是绘画（美术文化），然后才是文字。人类文化史上，绘画要比文字更加古老。而且，世界各国的文字，都是从绘画演变过来的，其发展顺序是，绘画→代替文字的简单符号或图形→象形文字。这告诉我们，文字文化的产生规律是：绘画创造文字。同时，这也让我们了解到人类发展史的规律：如果没有获得绘画的能力，人类也就无法发展文字文化。

汉字的起源，是写在龟甲上的甲骨文。经过从上两个世纪到这一世纪的发掘与解读，我们认识到，甲骨文也是一种象形文字（图 11）。

埃及的文字，其发生发展的规律与汉字相同，最初的文字也是象形文字。请看图 12，这是一个意思为“百万年”的象形文字，是由陶板浮雕制成的，可以称得上是一件艺术品。在西亚地区，古代巴比伦王国亚述王朝时期创造了楔形文字，虽然乍看起来，这些像钉子一样排列的文字好像和绘画毫无关系，但是如果追本溯源的话，这种文字也仍然是来自象形文字（图 13）。

那么，可以这样说，在孩子的身心发展过程中，“行为的出现顺序，正好和进化的顺序是相互对应的”。《论语》中也有这样的名言：“温故而知新。”在我们所居住的地域中，能够指点人类未来发展最重要的老师，就是历史。人的生命在母亲体内产生，从仅有零点一毫米大小的受精卵开始分裂，从卵子开始，发育成胚胎，然后形成胎儿。人类出生后，从幼儿期开始，逐

图 11（左） 从甲骨文到汉字（藤堂明保著《汉字的传说》，学灯社出版）
图 12（右） 埃及象形文字《百万年》（世界美术全集 4），平凡社出版）

渐成长为青年，成熟后称为成人，这个过程黑格尔称为“个体产生”。根据这个“个体产生”的过程，我们能够推测地球三四亿年前的历史：首先有了水（海），然后单细胞生物在水中诞生，然后进化出有脊椎的鱼类、两栖动物、爬行动物，最后由猿进化成人类，这个过程被称为“系统产生”。于是，这个漫长的经过几十亿年发展的人类进化过程（系统产生），以缩短的形态，在孩子的成长过程（个体产生）中不断地重复，这就产生了著

图 13 楔形文字(《世界百科辞典》，平凡社出版)

名的反复进化学说。

也就是说，孩子为了成长为真正的人，无论是在身体的成长方面，还是学习掌握民族文化方面（绘画和文字等），其成长过程中的行为出现顺序，应该与人类发展历史上出现的文化发展顺序相互对应。孩子首先应该获得绘画能力（美术文化），然后以此为基础，再去获得书面语言的能力（文字文化）……这才是人类发展的顺序。

● 不会画画的悲剧

今天，当我们研究不会画画的孩子画出的内容时，经常会从中发现汉字、假名，有时还能发现罗马数字出现在他们的画里（图 14）。这些孩子在获得绘画能力之前，就被不了解孩子发展规律的成人教授了文字的书写方法，结果他们的绘画就变成了这副模样。在日本，先掌握绘画能力再学习文字的这个人类发展规律被打破，孩子们因此变得不会画画，这种现象作为悲剧在孩子当中成为一种普遍现象。

在如今教育制度颓废的现象中，如果想通过教育让孩子正常发展、获得幸福，我们的教育重点应该着眼于哪里呢？某些教育观点认为，现在“智慧水平增长，德行水平下降”，而我们是否要像他们所讲的那样，通过单方面重视德育的培养去解决这个问题呢？不言而喻，这种武断的思考方法，不能让我们达成目标，无法使我们的孩子拥有完美的人格。如果我们的教育目标是着眼于培养孩子平和、民主的性格，只有凭借仔细谨慎的教育方式，全面发展孩子各方面的能力，才能实现目标。要

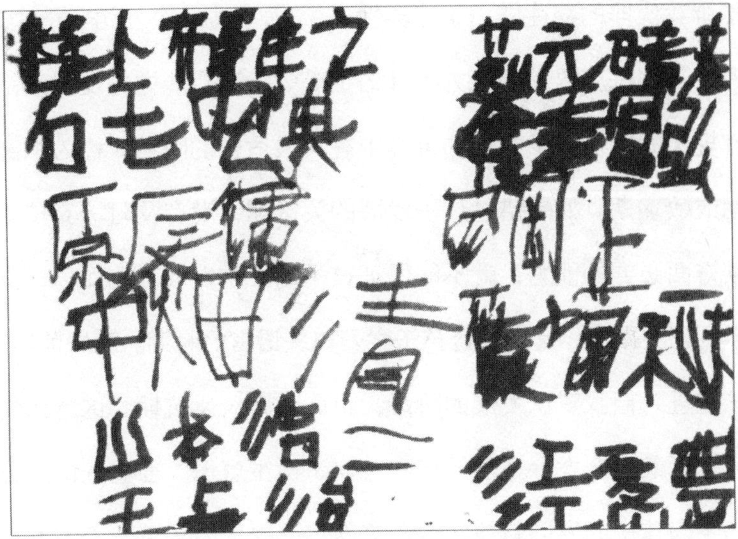

图14　全是汉字的画

圆满完成培养孩子人格的任务，我们必须顺应人类能力发展的规律，按部就班的、怀着仔细谨慎的态度来培养我们的孩子，除此以外再没有更好的方法了。

● 孩子的身心发展有适应性和规律可循

成为真正的人要掌握诸多能力：爬、直立行走、跑、劳动能力（工作能力）、衣食住行等基本生活能力、口头语言能力、和游戏伙伴的交往能力（社会性）、绘画能力、书面语言能力、理解其他民族语言的能力（外语）等等，这些能力的发展都是有规律的，在孩子学习的过程中有其最适合的时期，称为关键期或敏感期。如果错过孩子发展的关键期，没有及时培养孩子某方面必要的能力，就不能保证孩子的正常发展。例如，一岁半到三岁左右，是最适合孩子学习口头语言的时期。三岁前后，孩子进入自我意识发展的阶段，也称为第一反抗期。这意味着进入了最适合发展孩子的自我意识、自主意识、独立意识。我们要为孩子的发展着想，要在培养过程中尽力按照孩子的发展规律去做，重视孩子学习和发展的关键期。

下面，以孩子的身心发展规律为基础，向大家介绍一下如何理解孩子的画。

2.2 一到三岁孩子的发展规律及其绘画的鉴赏方法

● 从手开始

绘画活动是从涂鸦开始的。猿类也会涂鸦。至于是从语言开始，还是从印象开始，这种根本原理只适用于解释人类的认知过程，而对于绘画的起源是完全不适用的。绘画活动是从手开始的。手的功能在绘画活动中起到主导作用。只有正确认识手的作用，才能够正确地认识绘画的产生和发展规律。如果要从绘画原理方面进行解释的话，要等到孩子四岁以后。

在著名的《劳动在从猿进化到人的转变过程中的作用》（大月书店国民文库）中，恩格斯提出，正式直立行走的生活，才是猿进化成为人类的关键性一步，首先要从事劳动，然后才产生了语言。按照这样的发展顺序，猿逐渐进化成为真正的人类。

婴儿也是这样在获得独立行走能力的同时，开始使用被解放了的双手进行劳动。对孩子来说，使用双手是必要的文化活动，为了创造而进行的玩耍也是一种劳动。尽管这种玩耍（劳动），暂时处于和动物相同水平。

● 手的劳动产生涂鸦

这种以手为主导的劳动，其对象通常主要集中在大自然提供的富于变化的素材上。水和沙子就是最具代表性的东西，其他的还有蚂蚁、青蛙、蝴蝶、蚱蜢、鱼等小动物，或者是纸箱、积木、玩具之类孩子身边的器具。当手的劳动作用于这些富于变化的素材上的时候，作为手的延伸工具（铅笔、蜡笔、签字笔等），就成了绘画工具，其创作结果都可以称作涂鸦。

涂鸦，也被称作乱写乱画，但正是这种涂鸦成为绘画活动的起源。因为涂鸦是用手玩耍创造出来的结果，所以，如果不增强手的功能，绘画能力就无法得到发展。

婴儿的运动能力，是按照从上到下，从中心向末端的顺序，有规律地发展的。手的功能，也是按照这个规律逐渐发展完善的。首先是肩膀，然后是肘、手腕、手指关节，即从与身体（躯干）连接的部分开始，向身体的末端发展。手的玩耍创作出的涂鸦，也按照这个发展规律，以相应的顺序发生着变化。一岁左右幼儿的涂鸦，最初是以肩做轴，动作极其笨拙，画出来很多点点（图 15）。

在一岁两三个月至一岁半左右的初期阶段，因为孩子以肘做轴，用手来画画，画出来的是扇形的、左右往返型的线条（图 16）。通常，成人在这时开始加以注意，并认为孩子的涂鸦活动是从这个时期才开始的。

一岁六个月以后，孩子通过肩和肘的协调运动，能画出有力度的大螺旋形涂鸦。

一岁十个月到两岁左右，孩子使用手腕和手指画出小螺旋形的涂鸦，并且能画出上下竖直方向往返型线条（图 17）。

图 15（左） 一岁幼儿最初的画、画点点
图 16（右） 以肘作轴画出的往返型线条（一岁半）

我把幼儿以上阶段的涂鸦称之为“一维涂鸦”。

这一时期，绘画活动中的主角是手的劳动。在孩子涂鸦的过程中，成人不要给他们任何限制。因为我认为，无论是在孩子的画向成人画的过渡中，还是原始时代的造型美术向当今现代美术的过渡中，都是通过极其原始的手的劳动而最终形成了文化。

就好像旧石器时代阿尔塔米拉洞窟的壁画，文艺复兴时期达·芬奇的蒙娜丽莎肖像，米开朗琪罗的西斯廷大教堂壁画，

图 17　以手腕为轴画出的螺旋形线条（一岁十个月至两岁）

雕像作品哀痛的圣母，日本江户时期北斋的版画富士三十六景，凡·高的星空等其他杰作，毕加索的前卫艺术等等，这些都是艺术家通过手的直接劳动产生出来的艺术作品。离开了这种原始的手的劳动，就无法成就辉煌的美术文化。

● 捏的动作从两岁开始

使用手的机会越多，手的功能发展得就越快，手就越来越灵活。幼儿通过手的劳动，进行各种各样的造型游戏，积累生活经验，这样就提高了手的灵活性。到了两岁，拇指和食指末端终于能够合拢，于是手就获得了“捏”这个高难度的能力。

两岁阶段也被我们称为“跑来跑去的两岁”，我们的孩子终于迈出了从猿进化到人的第一步，掌握了直立行走的能力。孩子们每天跑来跑去的，就好像是在用全身去表达掌握了这种能力的喜悦。

这种成天跑来跑去的两岁孩子，也有蹲下来一动不动的时候。如果观察一下孩子们对什么这么痴迷，就会发现，孩子也许正要抓蚂蚁，也许正要抓住蚯蚓扭来扭去的尾巴，也许正想把蒲公英的花瓣一片片地剥下来，也许正在把塑料包装纸上的气泡挤破。要不然，就是把软陶的陶泥弄碎，用食指和拇指捏成小球，装在盘子里。

我曾经把给两岁孩子刚买的玩具拆开，把分解开的零件放在那里，观察孩子们的反应。吵闹不停的孩子变得安静，我观察到，两岁孩子在灵活地运用着他们的

图18　捏的动作

食指和拇指。在用拇指与其他四个手指配合抓取物品的能力中，最有难度的就是拇指和食指的配合。此时我们能看到孩子成功运用这个能力的成果。他们能够用两手拿着一张纸，然后左右手分别向不同方向用力，这样纸就被撕开了；两手合作把扣子穿进扣眼，等等。孩子们的手不断地掌握着一项项更高难度的能力。随着手的功能向手指末端的发展，孩子的意识也自然而然地向手指末端集中。这时候就不能仅仅依靠运动感觉，还需要视觉、触觉、听觉等其他感觉器官的协调作用。

● 眼睛给线条带路

在各种感觉器官中，眼睛的功能对绘画能力起到了决定性的作用。眼睛的功能和手的功能相结合，这是两岁孩子绘画能力的特点。意识集中在手指末端，一边看着笔端一边画出线条绘画能力就产生了。而引导这种能力向前发展的，是眼睛的区分、识别和判断的能力。因此，两岁四个月左右，孩子手的功能和眼睛的功能相结合，能够画出封闭的圆圈或是一个单独的线条来（图 19、20）。

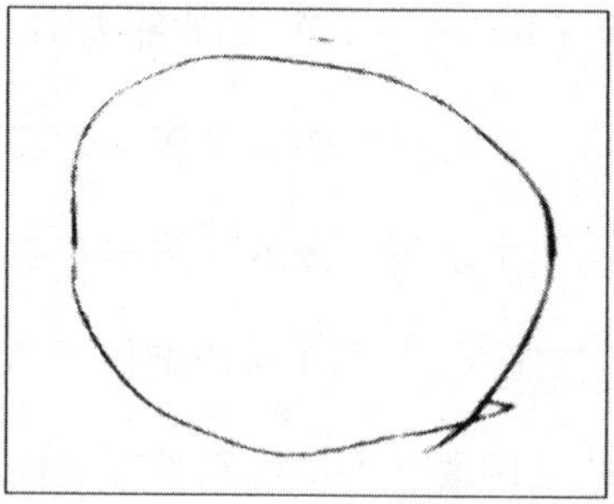
图19 封闭的圆（两岁半前）

图20 直线停住了（两岁半前）

边看边画，就是一边用视线追随自己已经画出来的线条，一边继续画画的能力。边看边画，能够培养孩子一边看着线条的起始点，一边交替着目测线条终点的能力。边看边画的能力进一步提高后，孩子能够根据目测判断自己将要画线条的方向以及到终点的距离，然后更准确地画出想画的线条。当孩子具备了这种通过目测方向和距离进行判断、画出线条的能力后，孩子的涂鸦就进入了绘画世界的新纪元。孩子绘画过程中，有时在画一条线的时候，能够根据自己的判断在适当的长度停止，有时能画一个圈，有时画一条直线，有时画的是一条曲线，此时孩子已经能够在二维平面空间展开涂鸦活动。我把孩子的这种涂鸦方式，称之为“二维涂鸦”。

孩子在二维空间展开涂鸦活动的时候，会去思考：是画在圈的里面还是外面？竖线的上面还是下面？横线的左面还是右面？直线要画得长还是短？这样，就意味着“二维涂鸦”的目的和方式开始和之前无目的混沌的“一维涂鸦”方式产生了分化。

其实，这个通过手眼协调能力达到的“二维涂鸦”境界，对于猿类来说也是有可能达到的（图 21），这可以说是涂鸦的最

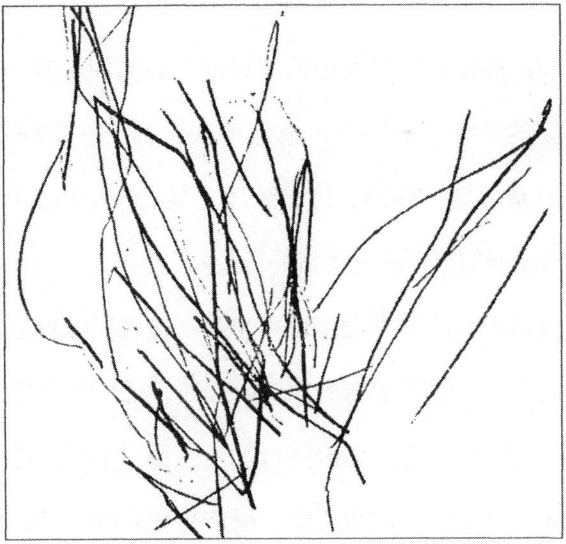

图 21　猿类的涂鸦（莫里斯著《美术的发生》，法政大学出版社）

高境界。但是，猿类却不能在此基础上继续发展它的绘画能力。这是因为，猿类无法发展出语言能力。

那么，语言能力要发展到什么程度，语言和涂鸦的关系要发展到什么程度，涂鸦才能够真正地成为表达人类内心世界的绘画作品呢？下面，我们就来分析一下语言的作用吧。

● 令绘画有内容的是语言

语言的起源，可以追溯到婴儿出生后两三个月的时候，当婴儿生理上感觉舒适时发出的声音就是最初的语言。这个时候孩子发出的咿呀学语声，无论是正常孩子，还是失聪的孩子，发出的声音都是一样的。这一阶段，是咿呀学语的第一阶段，这种咿呀学语的声音就是语言的雏形。

出生两个月的孩子发出的声音并不代表任何意思，但是到了十个月左右，咿呀学语的第二阶段时，他们能用自己的耳朵确认自己发出的声音，还给声音加上音调和节拍，这个阶段的孩子会非常享受自己调节声音时所产生的乐趣。他们会注意听周围大人的声音，并想要去模仿大人的声调和节奏。因为这种声音的模仿或者是音调的控制都是依靠耳朵进行的。因此，有听觉障碍的孩子在这个阶段看不到他们语言功能的发展，这时候他们需要一些特别的手段和方法。正常的孩子在这个时候会经常发出咿呀学语的声音，并且非常享受聊天的乐趣。这种在一岁左右开始的，有大人回应的聊天式咿呀学语，就会逐渐转化为有真正含义的、作为交流手段的语言。

单语句就是这种幼儿期语言学习的成果。一般是“汪汪”、“喵喵”这样的拟声词，或是拟态词形成的单语句。孩子一岁左右，开始能够用单语句来表达一些意思，比如用“嘟嘟”代表“妈妈，我要喝水”，用“雀雀”代表“妈妈，快看有麻雀”。大概到了一岁半左右，孩子所获得的语言能力能让他使用十五到二十个这样的单语句。在一岁半到两岁左右，孩子的语言会逐渐发展为包括主语和谓语的双语句，这是语言结构化的开始。

● 在绘画方面发生从猿到人的本质飞跃

如果问一个一岁十个月左右正在涂鸦的孩子“画什么呢？”，

他可能会用双语句回答："字字。"

两岁左右的孩子能记住四百个左右的词汇。他们会一边涂鸦一边"解释说明"："这个是盘子，这个是豆子。"当孩子用语言进行说明的时候，自己的画就成了一种媒介（图 22）。

两岁是孩子使用多语句的时期。从两岁到四岁的阶段，孩子运用多语句积极地进行"解释说明"活动。而且，除了对自己的涂鸦进行"解释说明"，在沙坑玩沙子的时候，他们会把团起的沙子解释说明为："这个是饭团子，这个是寿司。"玩积木的时候，把圆木解释为马或者是自行车，而且还装出骑马或骑自行车的模样。

这种"解释说明"活动，对于孩子的身心发展具有什么样的意义呢？原本是与猿类同等水平的无意义涂鸦，通过"解释说明"被赋予了意义，成为极具创造性的文化活动。这种水平是猿类永远无法达到的。孩子从两岁左右就已经开始了这种令人惊叹的高水平文化活动，等到两岁半至三岁左右，孩子不再是在涂鸦活动之后再给所画的东西赋予意义，而是动手画画之前就准备好画有意义的涂鸦（这个阶段，涂鸦处于从属的地位）。

有意义的涂鸦和“二维涂鸦”（画好后进行解释说明），从表面上看是一样的，却有着关键性的不同。尽管是一样的解释说明，但是解释说明的性质发生了变化。有意义的涂鸦，是手的功能、眼睛的功能和语言的功能，这三种能力综合使用的结果。这种从开始就用语言赋予意义的涂鸦，我称之为“三维涂鸦”。这是从猿到人在绘画方面的本质性飞跃。

如果孩子从一开始就准备画一张有意义的画，画好之后，

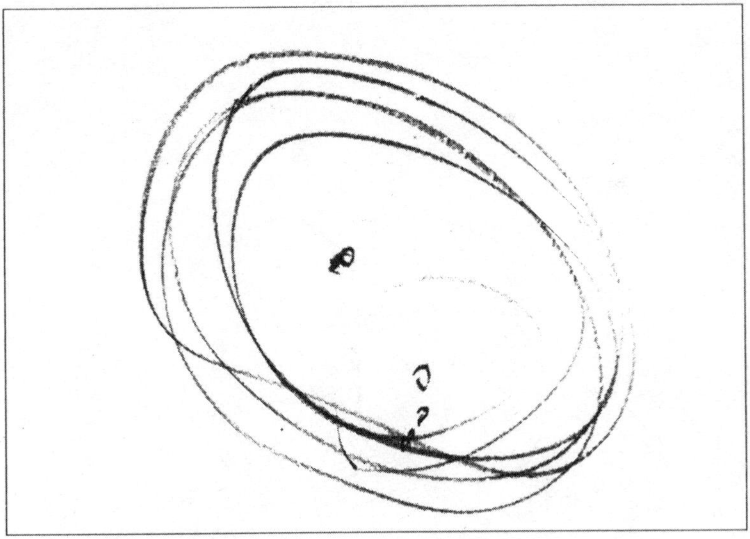

图 22 “解释说明”的开始（两岁半）

大人如果不问问作者本人，就无法知道孩子究竟画的是什么。但是如果是画好之后才给予解释说明，就有可能因为大人的作用而改变孩子原来的解释。在这个阶段，如果孩子从最开始就准备画一张有意义的画，那么无论如何他的解释也不会再做改变。

图 23 是在香我美区教育委员会主办的亲子绘画教室里，三岁的一成小朋友画的画。我问作者：“你画的是年糕吗？”孩

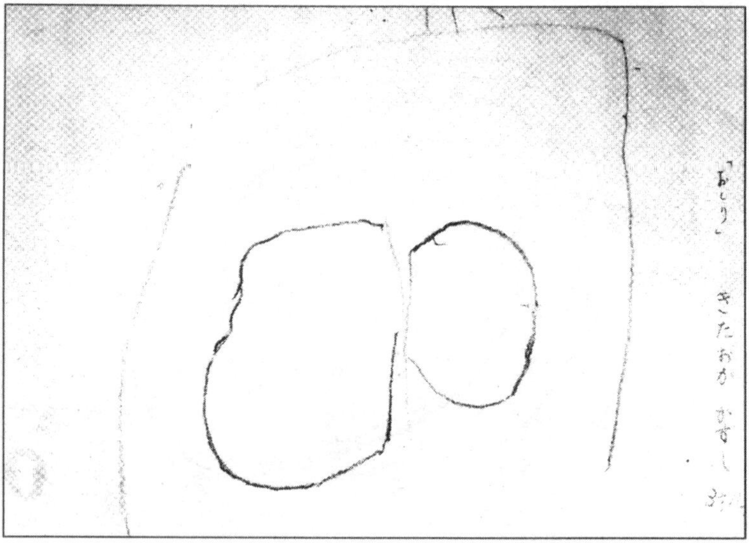

图 23

子回答道："不，不是啊，这是屁股。"于是我又问："那么从哪里尿尿呢？"孩子把纸翻过来，从什么都没画的背面指着正面的两个圆圈之间说："从这里，就这样。"说着，还摆出了尿尿的样子。在这之前，我很少从一个被成人指导过绘画的孩子口中听到这样有趣的解释。到这个阶段，孩子的涂鸦时代就结束了。

2.3 保护孩子的涂鸦与绘画热情

● 绘画积极性减退的孩子

这之前，我们了解了作为人类表达手段的绘画产生和发展的过程：首先是独立行走的生活能力解放了“手的能力”，然后是集中注意力并控制手指功能的“视觉能力”，和能够联想不在眼前事物的“语言能力”，这三个能力共同促进了绘画能力的发展。经过漫长的历史过程，人类才获得了这三种人类独有的能力。正是以这三种能力为基础，可以称之为“美术文化”的幼儿绘画活动才能够开花结果。

但是现如今，正处在这个独特的美术文化开花期的孩子们，对绘画的热情和积极性却在减退。有些孩子对于绘画这项活动，可以说是完全不关心，一点都没有兴趣。这是一些经过成人教授，无法画出属于自己的绘画作品的孩子，包括：绘画之前先被教授了文字（无论是母语还是外语）的孩子，发展顺序颠倒的孩子，接受电视一类的半具象和单向交流的教育方式，语言能力没有得到全面发展的孩子。这样的孩子不仅不会画画，更严重的情况是，他们根本已经对画画失去了热情。

造型游戏（美术文化活动）在幼儿成长为真正的人的过程中，起到非常重要的作用。现代人类文明是以造型游戏为基础，不断积累文字文化发展而来的。在幼儿期的文化活动当中，孩子对这种具有核心作用的造型游戏（美术文化活动）失去了热情，这种情况会对人类文明的传承，人类能力的形成，和与此相联系的人格发展产生极其严重的影响。而这种影响的严重性，是我们难以想象的。

更重要的是，情感能力和积极性，与学习能力、劳动能力等都是我们人类生存必须具备的重要能力。如果从幼儿时期就出现了情感能力与积极性减退的情况，将来一定会形成孩子“无毅力、无兴趣、无感动”的三无主义性格[①]。

希望各位在这里一定要好好思考一下情感和绘画能力之间的关系。

● 情感是行动的动力

从吃饭、喝水这样的基本生活行为，到包括绘画的文化艺术行为，人类的行为没有一项是不伴随情感进行的；甚至行为的持续力，解决问题的方式，以及行为方式都是情感在起着决定性的作用。因此，从古至今日本民间就流传着这样的谚语：“因为喜欢，所以擅长”，“爱慕之切，千里之遥近似眼前”。

汽车、飞机之所以能够奔驰或飞行，是因为有石油这种能源在燃烧。如果没有石油，无论性能多么优越的汽车、飞机，都不可能行驶和飞行。同样的道理，无论一个人掌握了多么渊博的知识和高超的技术，如果没有情感和热情，也无法行动起来。人类行动的能源就是情感。其中，人类的创造性行为，更

① 译者注：关于“三无主义”的更多内容请见本书 79 至 80 页。

是需要强烈的情感动力。

由于艺术活动中是创造性起着核心作用，因此，不仅从事这项活动时需要丰富的情感，这种活动本身也能够对人进行情感教育。我们前面已经讲到过学龄前儿童的艺术敏感期，以及学龄前阶段是孩子创造力的开花期，所以，在学龄前阶段，为了让孩子在艺术和创造性方面开花结果，非常需要让他们的情感能源燃烧起来。更重要的是，这个阶段是人的情感能力发展的关键时期。

在人的品格形成过程中，最早发展的是情感能力，最先成熟的也是情感能力。根据心理学的研究，人的情感成熟期是八岁左右。三岛二郎认为，智能方面的成熟是十六岁左右，运动能力的成熟是二十岁左右，社会能力的成熟预计要等到二十四岁左右。这样比较一下我们就能明白，人的感情能力的成熟时间是多么的早啊！

● “三无主义”扭曲了孩子的情感

情感是人类行为的动力源泉，它左右着人类的行为方式和性格，因此，情感能力的成熟，是每个孩子品格形成的基础。一般认为：“学龄前阶段奠定了一个人品格的百分之八十。”其实正确的说法应该是：“品格的基础伴随着情感能力的成熟，在学龄前阶段已经建造完成。”

从十九世纪七十年代就成为日本社会问题的“三无主义”，即所谓的无毅力、无兴趣、无感动，都是关于情感扭曲的问题。“三无主义”的问题，并不是孩子进入青春期后突然发生的人格扭曲，其根源应该追溯到学龄前阶段情感能力成熟的关键时期。人格扭曲的问题不仅发生在一两个人身上，而是发生在日本全国范围，由此可见，情感能力的发展问题揭示出的是国家的、社会的问题。

“人类是感情动物”，因此就更应该重视建造学龄前阶段的情感教育。这也就意味着，作为情感教育之一的艺术教育，对于幼儿教育有着特别重大的意义。

● 情感转化为热情

推动涂鸦向绘画转变的是“对外界变化满怀好奇”的

情感。

当人发现自己能够使外界事物发生变化，并为此感到十分喜悦时，这种感觉就是一种非常重要的情感。有了这种情感，人就会产生主动与外界事物发生联系的行为。在情感能力的发展过程中，特别要重视孩子两岁四个月左右的“二维涂鸦”期。在这个时期，孩子开始能画出封闭的圆或独立的一条直线，孩子的情感向热情转化。这是一种面向未来时，“什么都要自己来，一定要干到底”的热情，这种热情驱使孩子在行动上产生“积极实践”和“自己做的愿望”。

在这个阶段，当孩子穿脱衣服、剥水果皮、吃饭的时候，如果大人想动手帮忙，孩子反而会大声哭闹。我们知道，这个时期的孩子，无论什么事都想自己动手。正是因为这种值得称赞的干劲和热情的诞生，才会在“二维涂鸦”之后，发展出了有意义的“三维涂鸦”。这才是推动猿类式涂鸦向人类绘画迈进的推动力。然后，在四岁左右获得对各种事物的丰富印象，孩子的绘画活动从“改变外界的喜悦”发展成为“创造的喜悦”和“表达的喜悦”。

当我们考虑为什么我们的教育方式使青少年产生“三无主

义”时，在纠正这种错误的教育方式的教育改革中，首先要考虑的就是，要在孩子婴儿期到学龄前这个阶段，保护孩子天生的这种情感与热情，而艺术教育必须在这当中承担起核心作用。

● 不喜欢一个人画画的孩子们

家里有两到三岁的孩子的年轻妈妈经常会咨询这样的问题：“孩子在家的时候，一点都不想画画，怎样才能让他们愿意画画呢？”

在政府文化馆主办的“亲子造型教室”中，有二十多名两三岁的孩子在一起画画。看到自己的孩子高兴地参加绘画活动，妈妈们通常会觉得很不可思议：“为什么在家的时候就不画画呢？”作为读者的你，在遇到这样的问题时，会做出什么样的回答呢？答案在第一章里已经讲述过了，这和孩子的社会性有着很深的关系。

一岁半左右，获得独立行走能力的孩子，开始用脚重新建立属于自己的社会。这是一个和自己的视线等高的，有“游戏伙伴”的社会。这个时期孩子不再仅限于与父母和成人交往，他们和朋友的关系逐渐亲密起来。因此，你可以仔细观察一下一岁到两岁的幼儿，他们来到餐厅或公园时视线的运动。你会注意到，孩子的目光会立刻聚集在和自己差不多高的孩子身上。刚才还抱在怀里的孩子，放在地上之后，不知不觉中就站在了伙伴身边，小伙伴在干什么自己也就跟着想要干什么。这就是一岁半到两三岁孩子社会能力正在发展的体现。

小伙伴在捡落叶，自己也跟着捡；看见别的小伙伴摘下树叶揪着玩，自己也用同样的方式揪树叶玩。有小伙伴围着桌子跑，自己也开始一边看着小伙伴一边跑了起来。小伙伴跑到沙坑去玩，自己也跟着在保持一定距离的地方坐下来，玩起了沙子。对于刚刚熟悉的年龄稍大的哥哥姐姐，更是崇拜得不得了，跟在他们屁股后面，一举一动都要模仿。这些也是学龄前儿童社会性发展的具体表现。

但是，这个阶段孩子的造型能力不是用来表达的，而是保持着和猿类相同的水平，就像我们之前讲述的那样，只是正在发展绘画能力而已。因此，即使在一起玩的时候，孩子也不是利用语言一边交流想法一边玩耍，而仅仅是在玩的行动上保持一致，这被称为“并列玩耍”方式。孩子“并列玩耍”时，不依靠语言发生关系，只是因为有共同的行动伙伴而感到喜悦。孩子们有一同玩耍的伙伴做伴，共同做着同样的事，对同一件事发生兴趣。“并列玩耍”是满足这个阶段孩子社会性的一种游戏方式。

● 要保证孩子有游戏伙伴

由于一到三岁孩子的社会性发展，他们不再仅仅满足与父母之间建立的关系，对他们来说，游戏伙伴是必不可少的。在进行造型游戏的时候，如果有游戏伙伴在旁边一起画画的话，孩子们会非常积极而且专心地进行这项活动。而当面对妈妈，只有两个人的情况下，仅靠妈妈的一句话“来吧，画张画吧”，是不能让孩子对绘画产生兴趣的。其实，这种现象不仅在孩子身上能看到，当我们对一个成人说“来吧，画张画吧”时，即使画布、绘画工具一应俱全，这个成人也很可能并没有想要画画的热情。所以，为了提高孩子的绘画能力，我们必须保证孩子有游戏伙伴。

从这个意义上来讲，幼儿园的环境保证了孩子们拥有游戏伙伴，这对于激发孩子的表现欲，起到非常有效的作用。正是这个原因，在幼儿园里，经过老师的适当引导，能够产生非常优秀的幼儿绘画作品。也正是这个原因，居住在住宅区的妈妈们，在和附近的家长交流时，也给孩子们建立一个相互交流的场所就变得格外重要了。拥有游戏伙伴，对于提高孩子们的绘画热情具有决定性的意义。

推动儿童绘画能力发展的是社会性。这就意味着，如果把孩子一个人圈在室内学画画，即使孩子的绘画技巧有所提高，这种育儿方式也与作为社会一员而存在的人的本性相违背。培养孩子的绘画能力，游戏伙伴是绝对必要的条件。

● 请给孩子准备好绘画环境

有家长反映，孩子在家里不画画，如果仅此而已的话，其实也不必太过担心。对于一两岁的孩子来说，绘画能力是孩子用解放出来的双手作用于环境，使环境发生变化的一种能力。除了绘画以外，只要在生活中具备和绘画性质相同、孩子自发进行的游戏，家长就不必担心。尽管是这样，还是请家长不要忘记给孩子准备好绘画环境，在孩子的生活场所里准备好铅笔等绘画工具。这样做，孩子才会在独自玩耍的时候开始绘画活动。家长要注意：不要强迫孩子画画，不要把大人的绘画方式强加给孩子，不要过分担心……总而言之，作为家长切忌过分焦虑。

在家里举行朋友聚会的时候，正是发展造型游戏的绝好机会。妈妈们聊天时，在看得见孩子的位置摆上桌子让孩子们坐下来，或者在廊檐下摆上大纸箱，给孩子们准备好草稿纸、挂历纸、画笔等绘画工具，然后对孩子们说："想画画的小朋友就在这里画吧！"这样，孩子的造型游戏场所就有了保障。在这种场合，提醒家长注意的是，家长之间说什么话题都好，重点是大家在一起聊天时一定要聊得很热烈。这样，我们就会欣喜地看到这样的景象：孩子们出于希望家长对他们"一视同仁"的心理，也会学着家长的样子，和朋友友好相处，愉快地进行绘画活动。

另外，关于孩子独自玩耍时的绘画活动如何进行的问题，请大家参照第三章。在第三章里，我会一边参考一些儿童的绘画作品，一边为大家进行详细的介绍。

2.4 四到九岁孩子的发展规律及其绘画的鉴赏方法

● 语言能力的发展与绘画能力的发展

一至三岁的阶段，主要是手的能力在引导着孩子绘画能力发展。而到了四至八岁，则是语言能力引导着绘画能力的发展。

到了四岁左右，孩子逐渐能够运用与语言相对应的印象来进行思维。三岁左右的孩子，如果记住了四条腿的动物叫“汪汪”，那么他们即使见到猫、马、山羊之类的也会说：“汪汪来了。”但是，等孩子到了四岁，看到同样是四条腿的动物，不但能立刻明白“汪汪”与“喵喵”和“咩咩”的区别，还能够清楚地了解动物园里狮子、斑马和大象的区别。甚至，四岁的孩子能从区别中找出共性，认识到这些事物的共同本质是“动物”。一旦孩子明白了“动物”和“猫、狗等个别动物”的不同，很快就能认识到动物与人的本质不同，以及鸟类与人的本质不同。不仅如此，孩子还渐渐能够鲜明区分出每一只狗的特征。比如，自己家饲养的杂种狗，邻居家的大狼狗，杂货店的吉娃娃，亲戚家养的可爱博美，还有给盲人带路的导盲犬。对这些狗，孩子都能认识到它们的区别与共性。就这样，孩子在四岁左右，迅速认识到了各种概念的具体内容，及其个性与共性，不断扩展着对外界的认识。

● 丰富与语言相对应的印象

概念与语言有着密切的关系，因为概念通常都是由语言词汇来表示。掌握了更多的概念，就意味着语言能力的提高和发展。六岁左右的孩子所掌握的词汇一般在六千个左右，语言词汇的增加，意味着孩子掌握了更多概念。因此，四至六岁这个阶段，是孩子对概念的掌握在数量上快速增长的阶段。由于这样的发展特征，这个时期幼儿园的孩子能够通过看图片记住事物的名称，开始接触使用机械或工具，喜欢阅读或听大人讲图画书或动画故事。他们变得渴望了解世界，喜欢完成某项任务。这个时期孩子的特征是拥有旺盛的探索精神，希望见到、了解更多的东西。日本谚语中有“年过二十刚成人”的说法，可是到了我们现在这个时代，应当说所有的人都称得上是神童。

掌握了更多的语言，与语言相对应的印象变得更加丰富、鲜明，孩子的绘画内容也会变得更加丰富多彩。图 24 显示出的是，随着对概念理解能力的发展，孩子笔下人物肖像画的典型画法。人物肖像的绘画方式，显示出的是孩子对人这个概念理解的不同阶段。我们成人使用文字记录自己的想法，而孩子是使用绘画来确认对某件事的认识。图 24 画的是叔叔或爸爸的形象，随着孩子对人物肖像这个概念理解的不断加深，绘画方式也逐渐从部分的人物肖像归纳整理出整体的人物肖像。

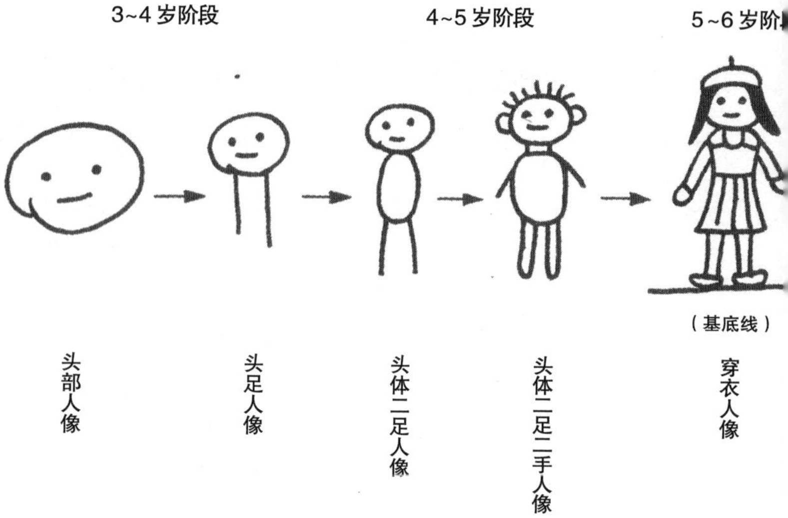

图 24　儿童画中人物肖像的发展过程系统图（鸟居）

● 凭印象画画的四岁儿童

三岁的时候已经掌握了近一千个词汇的儿童，到了四岁以后，词汇量更加丰富，表达能力也有所提高。即使事物不在眼前，他们也能够在听到代表这个事物的词汇时，在脑海中浮现事物的样子。

掌握了这种语言能力后，当幼儿园老师对孩子们说“我们

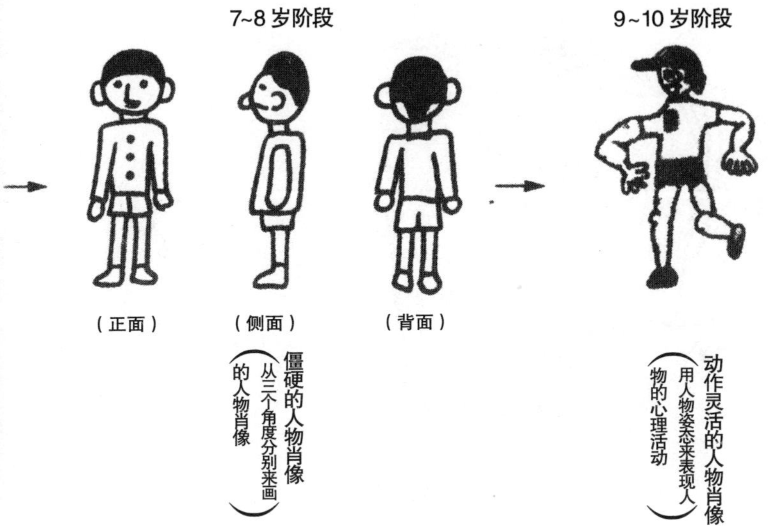

来画爸爸（妈妈）吧”，孩子们就会一边想着爸爸、妈妈的样子，一边画画（图 25）。这时候孩子们的脑海中浮现出爸爸、妈妈的所谓印象，不是作为直接信号的具体事物所产生的，而是作为第二信号的语言所产生的。孩子对爸爸的印象，既不是一般的人物肖像，也不是抽象的人物肖像。那是和邻居家的叔叔、好朋友的爸爸都有所不同的，孩子自己心目中对爸爸的印象：邻居家的叔叔秃顶了，我的爸爸却是有头发的；好朋友的爸爸有白头发的，有黑头发的，有不留胡子的，我的爸爸留着

图 25 《我的爸爸》（四岁）

像刷子一样的胡子。而且，我的爸爸脸上有皱纹。就这样，孩子凭借着语言词汇，脑海中浮现出和别人的爸爸不一样的自己爸爸的印象。

四至五岁的孩子，能够根据语言词汇在脑海中浮现具体事物的生动印象，并画出有内容的作为表达形式的绘画作品来。

孩子发展出有内容的，作为表达形式的绘画能力，其主要作用是承担语言的功能。如果一个孩子从两三岁开始，就被大人教授人呀、花呀的绘画方法或是文字的写法，孩子就无法画出用来表达自己真实想法的绘画。因为成人的这种做法打乱了孩子发展的正常规律，无法培养出孩子丰富的，作为第二系统信号的语言功能，阻碍了孩子凭印象绘画这一能力的发展。

● 五六岁开始对事物之间的关系产生浓厚兴趣

孩子到了六岁左右，由于掌握了更多概念，以及理解能力的进一步发展，就开始要求了解事物之间的相互关系。比如，同样是看到大马和小马，孩子感兴趣的是大马是不是小马的妈妈，以及它们之间的亲子关系。对于人，也不再是简单地分为男人和女人，而是分出那个人是朋友的爸爸，这个人才是我的爸爸；那边的女人是别人的妈妈，这边的女人才是我的妈妈。孩子还会对父母的关系感兴趣，他们注意到爸爸和妈妈是夫妻的关系，这是由结婚而造成的结果。于是孩子开始考虑：我要和谁结婚呢？举行一个什么样的结婚仪式呢？

“小马和妈妈很亲密，总是嘚嘚地走在一起。”

“大象、大象鼻子长，它的妈妈鼻子也长。”

由于孩子开始深入地关心事物与事物、人与人之间的关系，于是，对于这样有关亲子关系的歌谣印象就特别深刻，而且很快就能背诵出来。由于明白了剪刀、石头、布之间的关系，于是开始能玩剪刀石头布的游戏。之后还会再进一步地去理解赢了的人和输了的人之间的关系。

到了五岁半至六岁的阶段，孩子开始把注意力集中在研究“主动”和“被动”之间的关系上。于是，开始变得非常喜欢玩追与被迫的游戏，例如“藏猫猫”。我们在第一章中曾经介绍过一幅画:《挖红薯啰，嘿哟》(图 2)。这幅画就是孩子把兴趣集中在挖红薯的“我”和被挖的红薯之间的这种劳动关系上，而产生的绘画作品。

● 六岁左右基底线登场了

为了快速表达对事物之间相互关系的认识，在六岁左右孩子的绘画作品中，基底线登场了。

最初在儿童绘画作品中发现基底线的人叫劳恩菲尔德，他是一位出生在奥地利的美国研究者，也是他首先给基底线做了命名。这个时期的儿童把世界上的所有事物，在基底线分隔出上下左右的二维平面空间中罗列出来。

让我们来看看真由美小朋友画的画:《钓鱼》(图 26)。这幅画的基底线是水平面。线的上面是海面上，线的下面是海水里。孩子把水平面作为基底线，为了从二维空间区分海的上面和下面，把海里的鱼、螃蟹、章鱼等实际上看不到的生物画得就像能看见一样。这个时期的孩子，在画汽车的时候画出汽车里面的东西，画房子的时候画出房子里的家具，画妈妈的时候连肚子里的婴儿也会画出来。这种表达方式被称为“透明画法”。

图 26　基底线的登场和透明画法《钓鱼》(六岁)

在图 26 这幅作品中，海面上的主动者是钓鱼的人，被动者是海里的鱼。大海里，真由美和她的朋友戴着水中呼吸器做水底旅行。在海底，真由美是主动者，而她骑着的鱼是被动者。画面中这两种主动和被动的关系，成了作者兴趣的焦点。

● 开始关心事物的变化及排列顺序

在这里，我不仅想要探讨事物之间相互关系的表达问题，还想探讨一下儿童绘画中颜色的使用问题。因为颜色的使用方法，涂色方法反映出孩子所关心的事物的相互关系及其排列顺序。

在《钓鱼》这幅作品中，没有使用原色，全部使用的是用原色混合创造出来的中间色。孩子为什么要这样做呢？让我来解释一下当天的情况吧。

据园长先生说，这个真由美小朋友，非常喜欢混色游戏。比起给画面涂颜色，真由美更热衷于创造颜色的游戏。于是，画这幅画的时候她迟迟不给画上颜色。当老师催促她“真由美，涂色的时候不要马马虎虎的”时，她才开始给画上色。正因为真由美沉醉于创造颜色的游戏，才能够利用漂亮的中间色，成功地表现出了海水与天空，鱼和海底隧道的美丽。

那么，为什么一个六岁的孩子能够如此热衷于混合颜色，创造新颜色的游戏呢？五六岁的孩子经常喜欢模仿果汁店，玩混合颜料水的游戏（色水游戏）。红色和蓝色混合，变成了紫色的。蓝色和黄色混合，变成了一种全新的颜色：绿色。然后再用绿色和白色混合，变出了一种黄绿色。毛笔蘸着颜料水画画的时候，笔尖含水量的变化会使颜色也变得时浓时淡。这种颜色与颜色的变化，或者含水量与颜色的变化，培养出孩子对变化的浓厚兴趣。

这个阶段孩子的绘画表达特征是：以基底线为基础，系列化地表现出各种事物之间的相互关系。这种系列化的表现，通常也会反映出产生变化的主体。

● 全部是正面描绘的“展开式画法”

下面我们来比较一下真万小朋友六岁时创作的《钓鱼》（图27）和七岁时创作的《相扑》（图28）。这两幅画有两个共同点。

图 27　展开式画法《钓鱼》（六岁）

图 28　画了侧身人物的《相扑》（七岁）

一是绘画中主人公的形象都是作者自己的自画像，二是构图的基本方式都是圆形的。

海水退潮以后，海岸边的岩石缝里，形成了很多个小水池。这幅画，画的就是在这种小水池里钓鱼的情景。作者真万只把自己的形象画成竖起眉毛努力钓鱼的样子，并且放在整个画面的中央。头发涂成黑颜色，也只有作者一个人戴着帽子。另一张是真万七岁时画的《相扑》。画的是自己参加大方区主办的相扑比赛时的样子。作者把站在相扑比赛场上的自己画得最大、最威武。

这两幅画最显著地反映出了孩子对这个世界的不同认识。在真万六岁时画的画中，水池的圆形边界是基底线。孩子在这条线上画的人物都是垂直基底线的正面像。而画面下方的人物，即使是头下脚上地颠倒着，孩子也毫不在意。这种画法称为“展开式画法”。

● 能从三个角度画人物肖像的七岁儿童

看看真万七岁时画的这幅画，相扑比赛场的边界线已经不再起到基底线的作用了。这幅画用的不是展开式画法。地平线在后面很远的地方，所有的人物肖像都在比赛场和草地上排列着。六岁的时候，所有的人物都是从正面画的，但是到七岁，除了正面像之外，还出现了从侧面表现人物的绘画方式。

再来看看耳朵的画法。所有正面像的耳朵都在脸的左右各画一只，而画侧面像时，只在头部的中央画了一只耳朵。这是因为，还有一只耳朵在头的另一侧看不见的缘故。这反映出孩子已经开始认识到了事物之间的相互关系。在孩子七岁时画的画中，再也看不见头下脚上地倒着画的人物了。

那么，孩子从六岁到七岁之间，表达技巧上的变化意味着什么呢？《钓鱼》是上幼儿园时画的，《相扑》是刚上小学时画的。还有一幅，是上小学以后画的《游轮》（图 29）。真万经常路过高知港，这幅画画的是他想登上游艇去东京、大阪旅行的梦想。《游轮》这幅画，是孩子运用从六岁就掌握的基底线表达方式画出来的。这幅画中不但有人物的正面像和侧面像，甚至出现了人物的背面像。也就是说，孩子能从三个角度捕捉人物形象，并且能够分别正确地表达出来。

七岁儿童已经不再像六岁儿童那样，把世界以上下左右的

图 29　从三个角度画人物的《游轮》

方式，表现在二维平面上，而是发展出能够表现有进深的三维空间表达方式。另外，就像画《相扑》时，七岁的孩子已经开始意识到，比赛场的地面和草地的地面有所不同，因此不再把各种事物排列在基底线上，而是能够分别画在比赛场的地面上和草原的地面上。也就是说，七岁的孩子逐渐脱离了运用基底线的表达方式。在此之前一直用来表现世界的基底线，逐渐被地平线或水平线代替，这是一种质的飞跃。因此，对三维空间有所认识的小学一、二年级的孩子，在画人物时通常会从正面、

图 30　向写实的绘画方式发展的《手结的渔港》

侧面、后面画出直立不动的人物，就好像是留作纪念的照片。我把这种表达方式称为“三维并列表达方式”。

● 迈向成人阶段第一步的九岁儿童

孩子到了九岁左右，就开始采用和我们成人基本一样的绘画手段，变成一种非常写实的表达方式。

我们来看看藤原完小朋友（小学三年级，九岁三个月）画的《手结的渔港》[①]（图30）。画面上画了渔港里十七艘相互连接的渔船，七位在船上工作的人，还有海面和海面上摇曳的船影。大家一定会注意到，这种绘画方式，是和学龄前儿童所运用的完全不同的一种绘画方式。

这个时候，孩子用来观察世界的眼睛，已经不再是一双幼儿的眼睛，而是和我们成人一样的眼睛。这就是“向成人阶段迈出第一步”的九岁儿童。

① 译者注：手结实日本地名，位于日本高知县东南部。

03 第三章

亲眼见证孩子的绘画发展过程

孩子的画与成人是不同的，如何欣赏孩子的画呢？其原理及思考方式，我已经在本书的第一章和第二章里详细介绍过了。

在这一章中，我们将去了解从小婴儿到猫狗嫌的小学三年级（八至九岁）这段时期里，孩子是画着什么样的画长大的。让我们一边欣赏孩子的作品，一边探寻孩子的发展轨迹。让我们按照年龄顺序慢慢欣赏，希望通过对那些简单作品的解说，能让家长和幼儿教育者们了解到幼儿教育及绘画指导的要点。

一岁

● 涂鸦从画点开始

图 31 是我的大儿子在一岁生日时画的画。当时，儿子用最原始的抓握方式，大把抓着粗粗的马克笔挥舞着手腕，在画纸上画出了很多个点。当儿子看到这些点点的时候，嘴里发出了“噢，噢”的自言自语声。然后，儿子眺望了一下远处，又接着挥舞手腕，就这样画出了一幅作品。随着每次的手腕运动，

图31　一岁生日时画的点点涂鸦

眼前的事物都在发生着变化，从儿子的表情看出，他对于这样的变化感到十分不可思议。

这幅画的产生，是缘于我试验性地给了儿子马克笔和绘画用纸。儿子从一岁开始就已经能够独立行走了。一般情况下，婴幼儿的涂鸦应该是一岁三个月至六个月的时期开始。也就是说，我认为比较稳妥的做法是以孩子的独立行走作为指标，确定涂鸦开始的时间。由于环境和个人的差异，孩子开始独立行走的时间有早有晚，因此，涂鸦开始的时间，也因孩子的个体差异而不同，请家长不要对此过于焦虑。

● 通过绘画进行亲子对话（一岁七个月）

这个时期的孩子，肩部和肘部像活塞似的做往复不停的运动，运用手的功能画出大的“连续圆圈的螺旋形涂鸦”，是这个时期的代表作。

图 32《奶奶，饭饭》这幅画，是北海道的仁见小朋友的作品。如此美丽的涂鸦作品，是孩子身心健康的象征。孩子的妈妈在信中是这样描述当时的情景的：

妈妈：仁见，在画什么呢？

仁见：饭饭。

妈妈：饭饭怎么了？

仁见：奶奶。

妈妈：啊，原来是奶奶在吃饭饭。

仁见：奶奶，饭饭。

尽管画的是同样的东西，但有时说是“喵喵”，有时说是

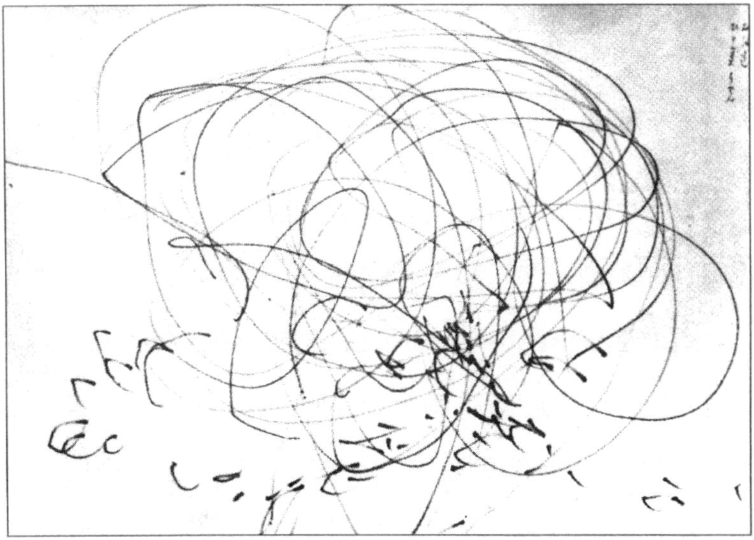

图 32　通过绘画进行亲子对话《奶奶，饭饭》（一岁七个月）

“爷爷”。

从信里可以看到，妈妈很好地理解了孩子用单语句表达的内容，并和孩子做了交流。

另外，尽管在这个时期，家长可以一边看着孩子画画，一边和孩子聊天，但这还不能说明孩子的涂鸦是有意义的。希望家长围绕孩子画的内容和孩子聊天，并尽量去理解孩子所说的话。

● 用手腕画画（一岁十一个月）

这个时期，是孩子手腕功能发展的时期，是出现小的“连续圆圈的螺旋形涂鸦”和“竖线形涂鸦”的时期。

图 33 是埼玉县的裕太小朋友的作品。首先将竖直的线向右边弯曲，然后再向上画，画面上出现了有方向、有意识的绘画方式和小的“连续圆圈的螺旋形涂鸦”。这是运动功能向身体末端发展至手腕的表现。

图 33　连续的螺旋形涂鸦
（一岁十一个月）

裕太是家里的长子，也是一个独生子。让我们通过他妈妈的来信来学习一下，这位妈妈是如何为这个时期的孩子准备绘画活动所需的环境的：

从出生后十个月左右，孩子就对乱写乱画十分感兴趣。从孩子十一个月左右，我们为他在墙的一角准备了一个绘画区。孩子非常高兴，每天都爬到绘画区坐在那里快乐地画画。之后，我们又给他了一些涂鸦本和广告传单纸。现在，孩子已经能够自由地使用马克笔和油画棒。我们把这些绘画用具放在孩子随手可及的地方。每当孩子想画画的时候，随时可以拿出涂鸦本和画笔玩起来。

这位妈妈并没有强迫孩子去画画，或者教孩子画具体的形象，而是为孩子提供了一个自由地进行自主文化活动的场所。这种教育方式是非常值得我们学习的。

两岁

● 开始进行有意义的涂鸦

孩子到了两岁，能够一边画线，一边目测线条的长度，并在适当的位置停下画笔。涂鸦中出现了线和线的连结和封闭的圆圈。和一岁左右那种不知道从哪开始到哪结束的乱画不同，孩子开始画出有始有终的清晰线条。然后，孩子开始为自己的作品进行“解释说明”。这些都是两岁儿童的绘画特点。

孩子开始对涂鸦作品中的每一个线条进行解释说明，意味着给无意义的线条赋予意义（价值）的文化活动的开始。但是，两岁儿童的特点是绘画结束之后再进行解释说明，具有很强的随意性。所以，尽管作者本人解释为“苹果”，如果成人说：“不是苹果，简直就像个面包，是面包吧？”孩子就会改变他的解释：“对啊，是面包。”这个时期绘画的意义是非常模糊不清的。也正是这个原因，当问孩子“画的是什么啊？”时，会经常出现由于提问的人不同，答案也不同的现象。看到这样的情况，有的妈妈会担心：“我的孩子是不是在撒谎啊？”——完全没有必要产生这样的疑虑。

● 涂鸦中开始出现涂色

图 34 是两岁十一个月的孝治小朋友的作品。画面的中央画

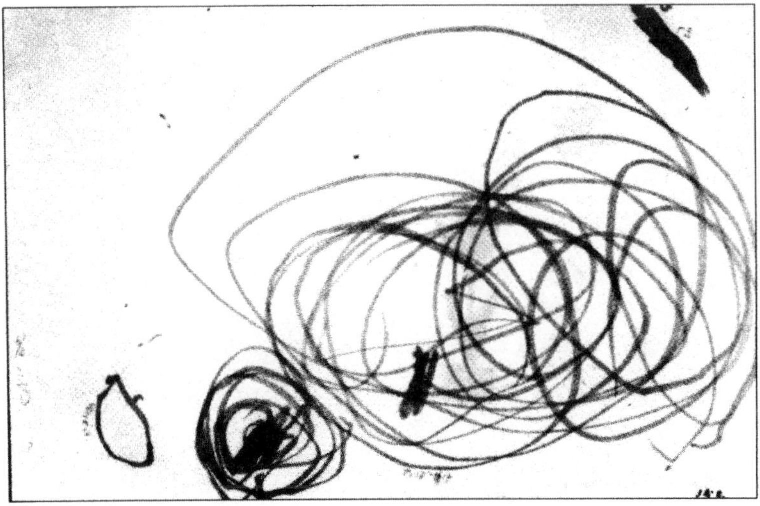

图 34　出现涂色的画《蛇和妖怪》

着大的和小的“连续圆圈的螺旋形涂鸦”。这样的涂鸦是孩子一岁左右时所掌握的绘画能力的充分发挥。与一岁时期的涂鸦所不同的是，两个圆圈中出现了涂色。这种涂色，还出现在圆圈的外侧。右上角的色块代表的是蛇，中间连续的圆圈代表的是妖怪。左侧封闭的圆圈代表鱼。画这种封闭的圆圈是孩子到了两岁才掌握的能力。

在孩子两岁半以后的涂鸦中出现涂色现象，是代表孩子绘画能力发展的关键点。

图 35 《郁金香》成人的示范及孩子（两岁六个月）的模仿

● 被教授了成人式绘画的两岁儿童

图 35 画的是郁金香，是小 K 的妈妈特意为小 K 画的。小 K 在妈妈画的郁金香左边用粉色的油画棒，照着妈妈的样子也画了一朵郁金香。小 K 画的郁金香从照片上可能看不太清楚。妈妈画的时候，花用的是红色，叶子用的是绿色，花盆用的是蓝色。小 K 还不会分颜色，于是用粉色很没自信地画成了画上的样子。三个连续的圆圈代表花，两个连续圆圈代表花盆。小 K 的妈妈

见到这种情形，认为让孩子画郁金香的侧面比较难，于是使用和小 K 一样的粉色油画棒，从上面的角度画出了花的形状，给小 K 作示范（左侧的花瓣）。就这样，小 K 渐渐地变得不会画画了。

这个情景出现在中央公民馆举办的“亲子造型美术教室”里。孩子对花的认知方式与成人不同，两岁的孩子还不能像成人那样凭印象来画画，孩子会因此而失去信心。让孩子看着成人的范例画画，不但是徒劳无益，而且会阻碍孩子绘画能力的发展，家长对这一点一定要注意。只要家长的态度转变了，孩子的状态也会立刻发生变化，孩子的创造性能够迅速地得到恢复。

三岁

三岁左右的孩子，不是涂鸦之后对自己的绘画进行解释说明，而是一边画，一边考虑每一线条的意义。这是三岁的孩子涂鸦活动的特点。我把这称之为“计划活动”。三岁半以后，孩子做的是有意义的涂鸦活动，此时终于迎来了创作有表征意义的涂鸦作品的阶段。于是，与猿类的绘画有本质不同的，只属于人类的，作为表达手段的绘画作品诞生了。从这个意义上来讲，在孩子绘画能力发展过程中，三岁是发生从猿到人的本质飞跃的关键阶段。

● 海豚（三岁半前）

在高知县海边的上川幼儿园里，秋日子小朋友刚刚过了三岁生日。图 36 中，右侧大的圆圈和点点，是大海中的牡蛎。海

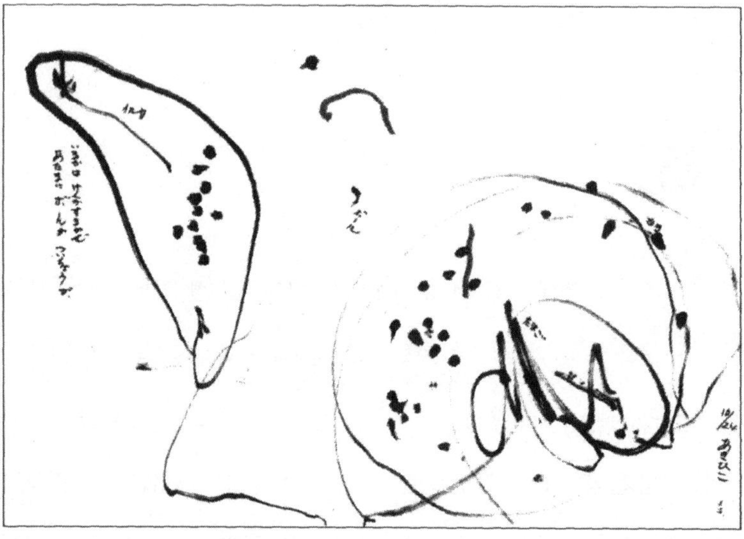

图 36 《海豚》（三岁半前）

底有卵。从卵中破壳诞生的海豚，画在画面的左侧，一副一跃而起的样子。海豚和大海中点了很多的点，那些是海豚玩的球。据班主任森老师反映，秋日子在画海豚的时候说：“海豚正在打架。”这就是秋日子的“海豚观”。

● 想好了再画（三岁十个月）

图 37 是千柄小朋友三岁十个月那年夏天画的《烟花满天》。

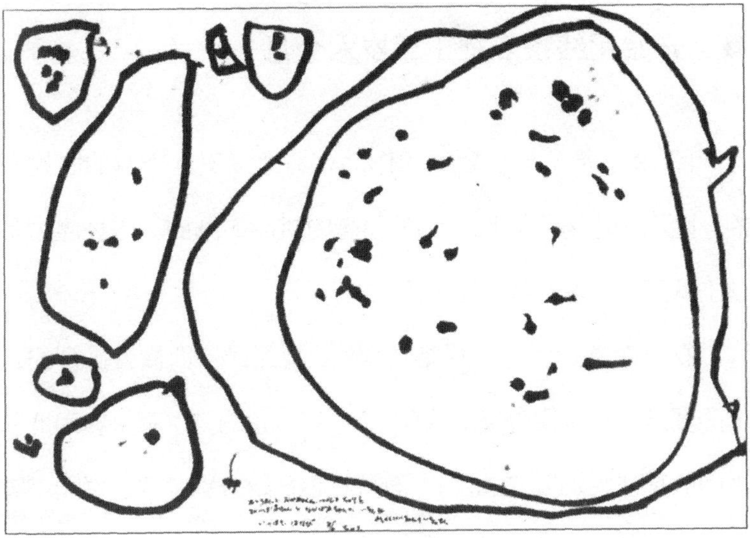

图 37　想好了再画的《烟花满天》

千柄是在高知县的伊田保幼儿园上学的一个三岁大的小朋友。画面右侧两重大大的圆圈是满天的烟花，左侧的五个小圆圈是一起去看烟花的家人。班主任中野老师是这样记录千柄的话的：“爸爸、妈妈和千柄一起去看烟花。”这幅画表现了孩子和家人一起去看烟花时的兴奋与喜悦。烟花画成圆圈，家人也画成圆圈。由于是一个圈、一个圈地想好了才画的，如果成人说：“这不是烟花，是面包吧？”孩子一定会反驳道：“不，不是的，这是烟花！”

● 开始用线条表征（三岁六个月）

图 38 也是千柄小朋友的作品。是她三岁六个月的时候画的。画面中十六个圆圈，都是漂亮的封闭的圆圈。这种能力是孩子从两岁半左右就掌握了的。

孩子对这幅画的解释是这样的：画面最上面横着排列的六个圆圈是“一排摆得满满的苹果”，右下角的是“苹果和南瓜”，中间的是“妈妈”，在妈妈下面从右边开始分别是“土豆和小宝宝”，妈妈的上面带点点的圆圈是“爸爸”。

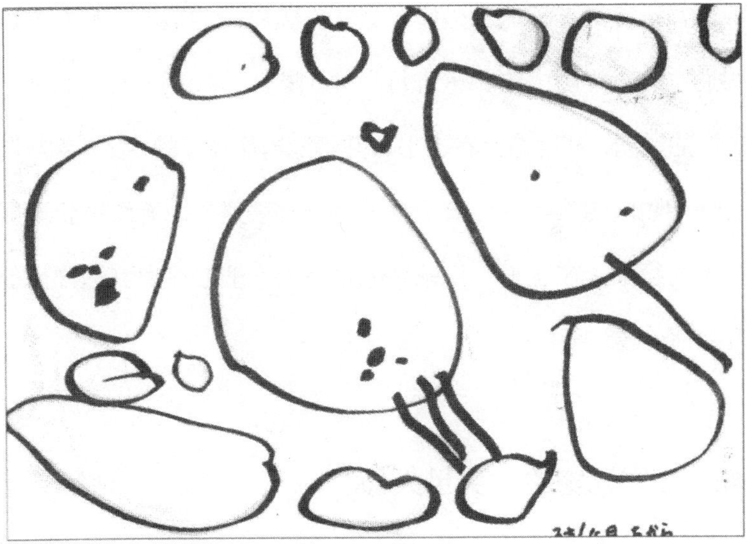

图 38　用圆圈和直线象征苹果和妈妈的画（三岁六个月）

这里值得注意的是，孩子画苹果的时候在圆圈上面加了一条线，而画妈妈的时候在圆圈上面加了三条线。苹果上的一条线用来表征柄，妈妈上的三条线表征手和脚。代表妈妈的圆圈里面的点表征鼻子、眼睛和嘴。

三岁半以后，孩子渐渐开始用线来表征事物，这意味着孩子的画发生着本质的飞跃。但这个时期，还没有到达用颜色表征的阶段。尽管这幅画是用黄色的马克笔画的，但不过是偶然现象，可能是孩子的手边恰好有一支黄颜色的笔。经常有人试图通过儿童绘画中的颜色进行心理判断。这种只关心“心理判断”的倾向，有点像是在占卜，并不能当作科学的“发展判断”。有这种倾向的人不认为孩子画画是一种表达手段无法真正理解孩子的绘画，在这里，我诚恳地希望大家能够注意到这样做的危险性。

● 三岁儿童的“头足人像”

图 39 是三岁八个月的加代小朋友画的《我的家人和朋友》。这幅画中的所有线条都是具有表征意义的线条。两个小圆圈代表眼睛，中间的点代表鼻子，横着的一条线代表嘴巴，把这些圈在里面的大圆圈代表包含着头部的身体，所有这些线条都分别具有它们的表征意义。另外，从表征身体的大圆圈横着画出来的两条线表征手，向下画的两条线表征脚。

这样的表达形式被称之为“头足人像”。左上角画的是弟弟嘉数，左下角画的是妈妈，中间最大的是爸爸。在爸爸的嘴巴周围画了很多点点，就连胡子都表现出来了。右下角是这幅

图 39　头足人像登场的《我的家人和朋友》

作品的作者加代的自画像。右上角是到家里玩的加代的朋友理惠。

● 三岁儿童的表征方式

我们现在来介绍一个头足人像表征方式的杰作。图 40《大肚子爸爸》，这是高知县三岁八个月的木一小朋友的作品。作为高知广播电视台（RKC）《三岁的世界》节目组的取材班，电视

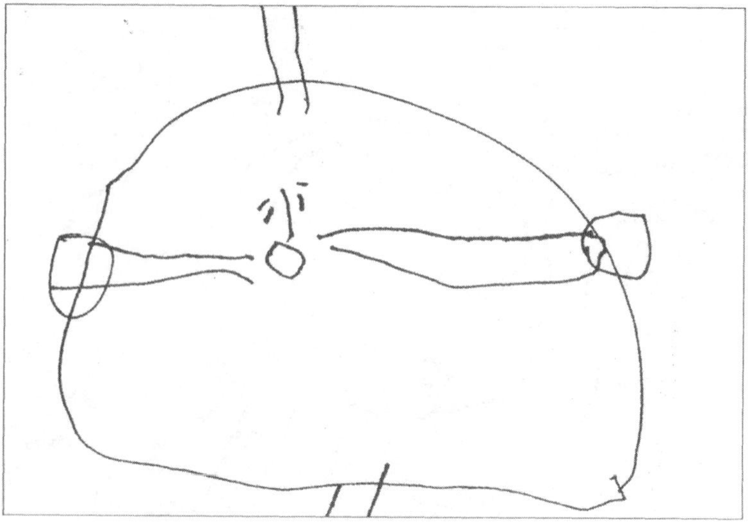

图 40　头足人像《大肚子爸爸》（三岁八个月）

台播放了木一小朋友所在幼儿园的绘画活动录像。我当时曾经把这幅作品作为代表作，通过电视屏幕向观众进行了介绍。

木一的《大肚子爸爸》这幅画，用的是头足人像的表现形式。在这之前，还没有一幅画能让我们把头足人像的意义了解得如此清楚。头足人像的头部，对于孩子来说不仅表征头部，而且包含了头部的所有躯干部分。这是三岁孩子对于身体的认识——尽管知道头、脖子、肩膀、胸、肚子这些部位的名称，但是还没有到能够在绘画中分别表达出来的阶段。因此，大肚子的爸爸是用一个大大的圈来表征的。头部画得大大的，并不代表爸爸有个大大的脑袋，而是用来表现爸爸有个大大的大肚子。头上竖起的两条线，代表爸爸非常珍惜的头发。从嘴向外伸出的两条线，代表对爸爸很重要的胡子。在胡子的顶端，画得有点像耳朵一样的东西代表手。

这幅画画的是爸爸悠然自得地洗澡时的样子。听木一说，他和爸爸一起去泡澡。木一的爸爸一会儿挺着大肚子，一会儿弯下腰，一会儿刮胡子，一会儿洗头发。这幅画也是一幅充满感情的杰作，这幅画让我们眼前浮现出，木一给爸爸搓背，往爸爸头上浇水，帮爸爸洗头的情景，是一幅能让我们深切感受到亲子之间充满生活乐趣的绘画作品。

● 培养优秀绘画作品的幼儿教育

那么，像《大肚子爸爸》这样反映三岁儿童丰富的生活情感的优秀作品，是在什么样的幼儿园教育环境下培养出来的呢？录像资料为我们提供了很好的学习机会：

首先，班级里负责指导绘画的岩崎希和子老师弹着管风琴，带领孩子们做绘画之前的“韵律活动”。孩子们先趴着模仿蝴蝶的幼虫，然后展开双手唱着“蝴蝶、蝴蝶”模仿蝴蝶飞舞，接下来孩子们展开双臂唱着“飞机、飞机、飞～飞～”模仿飞机在空中盘旋的样子，最后，孩子们安静地闭上眼睛，整理呼吸。准备活动做完之后，开始绘画活动。

画画过程中，完全听不到老师“要画个什么、什么”的指令。孩子们自己从整理架上分别拿出蜡笔、马克笔、纸等绘画用具，和好朋友一起或趴或坐地画了起来。画完之后，就拿着画给老师看，让老师帮着写上日期、名字和自己想说的话。十分钟左右的时间里，每个小朋友都能画出三张左右的作品。

当电视台的主持人询问如何指导孩子的绘画活动时，门田芙美园长是这样介绍幼儿园的教育方针的：我们要给孩子创造一个能够自由画画的环境，不对孩子的绘画进行特别指导。学龄前期，是孩子为了成长为真正的人打基础的阶段，我们倾注了主要的精力，着重执行我们的游戏教学计划，希望培养出有健康的身体，能够自主游戏的孩子。

将近十年的时间，我一直关注着门田园长的工作状态。在这里我想补充说明的是：这所幼儿园建立的基础，是民主的教育集团和积极参与幼儿园活动的家长。幼儿园非常重视“和家长共同培养”的教育思想。孩子所属的成人社会必须民主化。这样孩子的身心才会健康发展，孩子才能够创造出丰富的游戏模式。这才是好的幼儿教育和创作出好的绘画作品的前提。可以说，木一小朋友所在的幼儿园所做的幼儿教育实践教给我们很多东西。

● 三岁儿童的“拟人化表现手法”

让我们来看看图41，这是和木一在同一个幼儿园的三岁五个月的竹利小朋友画的《太阳公公变大了》。乍一看，这个太阳公公有点像只蟑螂，不但有脸，甚至还有鼻子和嘴巴。

这种认为各种物体、植物、动物都和人类一样是有生命、有思想的认知方式，叫作“泛心论”（万物有灵论）。而这种表达形式称为“拟人化表现手法”，这种表达形式经常出现在学龄前儿童的绘画当中，是这个时期儿童绘画的特征之一。孩子们会给汽车画上鼻子眼睛，画鱼或狮子时也用表现人类的方式，给它们画上眉毛、鼻子、眼睛。这种泛心论，大概在孩子九岁左右，随着孩子认知能力的发展，在能够用科学的态度对待事物的时候，逐渐被克服。泛心论，是学龄前阶段的孩子对待各种事物的方式，作为这个时期孩子的特征之一，我们应该给予特别的爱护。因此，当我们看这样的画时，要注意和孩子说话的方式。比如看到象，我们就称之为象先生，看到熊就叫它熊先生，看到太阳说太阳公公，要用这种拟人化的语言和孩子对话。

在南国土佐的夏天，孩子们在画纸上画满了太阳，那是太阳公公一家，有好几个“人”。孩子们就是用这种方式来表现当时的天气炎热。这个竹利小朋友画太阳的时候，正值南国土佐寒冷的一月十一日。竹利画了一个光线微弱、没精神的冬天的太阳公公。这幅画表达了竹利的美好愿望，他希望太阳公公好好吃饭，快快长大，能够尽快放射出温暖的阳光。这是一幅反映三岁孩子泛心论认知方式的作品。

图 42《大海和鲸鱼》是高知县大方区中央幼儿园三岁十个月的阿弓小朋友画的画。这是一幅没有画一只脚的类似头足人像的画，画的是鲸鱼在游泳，鲸鱼的右侧是一条海蛇，左右画出的七条竖线是波涛汹涌的海浪。

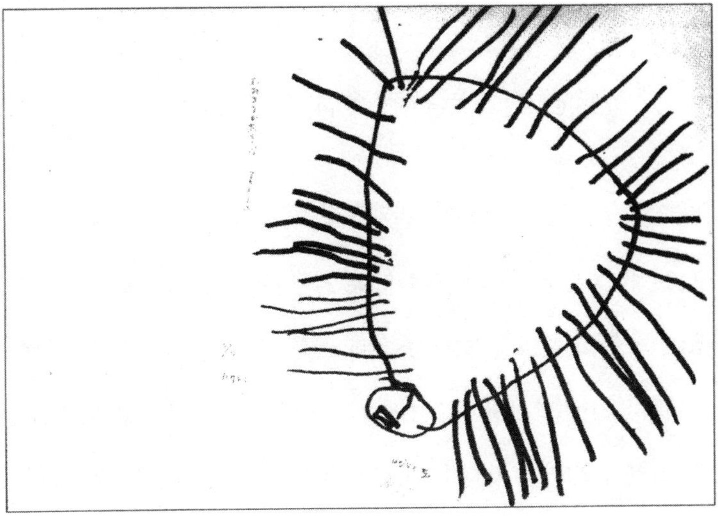

图41　拟人化表达《太阳公公变大了》（三岁五个月）

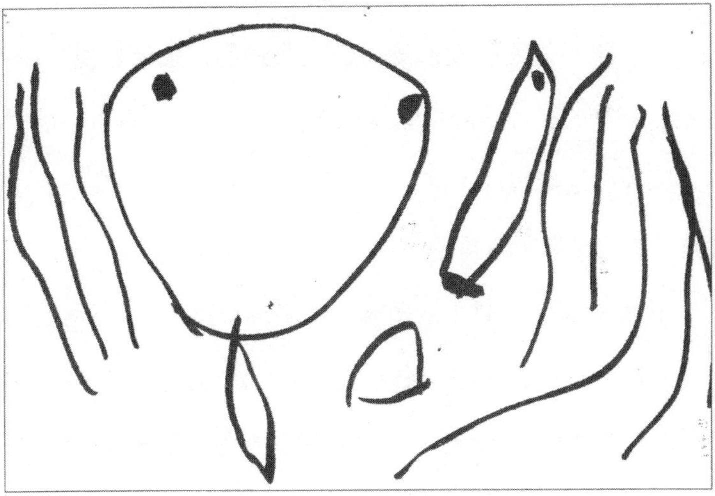

图42　泛心论《大海和鲸鱼》（三岁十个月）

● 儿童绘画的发展存在个体差异

在志上画展上，我们见到了七幅三岁孩子的绘画作品。三岁儿童用猿类所不可能具有的语言功能，给原本毫无意义的线条赋予了一定含义，使线条变成有意义的线条。这是由无意义的涂鸦向表征事物转化的绘画发展过程。从某种意义上来讲，看三岁孩子的画，就像是在看从猿到人的进化过程中，在绘画能力发展方面的本质飞跃。

在这里我想提醒大家，在看三岁孩子的作品时要注意的问题。三岁孩子的绘画发展规律性是共通的，也就是说，在手、眼睛、语言的三种功能相互作用下，绘画能力才得以发展。但是，因为生活环境的不同，个人条件的不同，每个孩子的绘画表达方式也会有所不同。

请大家看看图 43《很多客人和高速公路》，这幅画是我的大儿子在三岁五个月的时候画的。在一九六九年《孩子的幸福》四月出版的《孩子绘画作品的意义及指导方式》中曾经介绍过，当时是这样解读这幅画的：

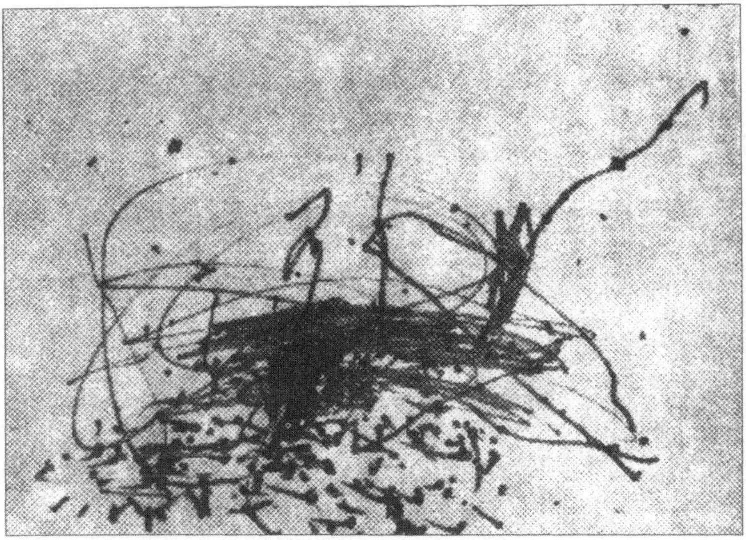

图 43 《很多客人和高速公路》(三岁五个月)

儿子高兴地指着其中的点点说："这个是妈妈。这个是爸爸。快看，还有好多客人。"然后指着线条说："大家都在高速公路上开车。"

我有三个孩子，但是喜欢画高速公路的就只有大儿子。三个孩子的绘画方式也各有不同。大女儿和小儿子都是从两岁开始能够画出封闭的圆圈，快三岁的时候开始在绘画中出现用圆圈表征事物的现象。但是，大儿子却是从三岁半以后才开始大量地使用封闭的圆圈。在这之前，他都一直喜欢用点、长的线条和涂色来表达。而且，在他的绘画中从来都没出现过本书中所介绍过的头足人像和拟人化的表达方式。

尽管我们在这次志上画展中介绍了头足人像和拟人化表达方式，这并不意味着所有的孩子都会出现同样的绘画题材和表达方式。对这一点，恳请大家注意。我们日本人对事物的看法和教育孩子的方式很容易有形式主义的倾向。由于这种倾向，我们很容易形成教育制度化和随便评价孩子的恶习。发展心理学对儿童教育是非常必要的。心理学绝对不允许按照整齐划一的标准衡量孩子的个性。就像德国教育学家赫尔巴特说过的那样："任何地方都应该能发现有个性的人。"

希望家长在重视孩子绘画过程中普遍规律的同时，还要去发现孩子独特的表达方式，并把它作为孩子的独立个性进行培养。

● 在绘画班学习绘画的三岁孩子的画

图 44 是三岁一个月的小 N 在绘画班时画的《妈妈在吃葡萄和香蕉》。孩子不能画和三岁孩子能力相符的画（属于孩子自

己的画），而是被强迫画成人的画，这是非常令人遗憾的事情。这幅画在杂志《婴幼儿》第十八号刊的文章《志上画展》中曾经介绍过，同时，我也曾经请小 N 的妈妈考虑改变孩子的教育方式。我推测经过一年的时间，小 N 的画一定会有所改善。我觉得对于三岁的孩子，画这样的画有点过早，我是这样说的：

“就画的主题来说还可以，但是画的本身并不值得称赞。

图 44　绘画班教授的成人的画（三岁一个月）

作为三岁孩子的画，不符合其年龄特点。红色和黑色紧挨在一起，同时还使用了紫色，这些都让人觉得色彩的感觉很奇怪。这个时期的孩子还没有到能够用形状表达想要画的东西的阶段。这个时期，应该是孩子尽情涂鸦，并享受给涂鸦赋予含义的快乐时期。三岁是一个过渡期，还不大要紧，关键是让孩子尽快地恢复到正常的涂鸦活动中……”

有时候妈妈带着孩子做主题绘画活动，可以这样做：比如，妈妈带着两三岁的孩子在家里的花坛里拔萝卜，然后妈妈和孩子一起画萝卜。在这个活动中，共同享受自然之美的同时，妈妈有对文化的追求才是最重要的，错误的是这个妈妈的做法。实际上，为了提高边看边画的能力和积极性，把萝卜放在眼前让孩子画，要等到孩子九至十一岁的阶段（追求视觉写实主义的阶段），才是最适合的阶段。这位妈妈把本应该等到九、十岁才能使用的方法，提前用到了两三岁的孩子身上。

家长中容易犯的最大错误，是企图用金钱去购买孩子的文化修养和感受能力。有名的 K 出版社，没有经过足够的研究调查，就为两岁左右的孩子举办了绘画学习班。如果这个绘画班的教育方式是符合孩子的身心发展规律的话，我们另当别论。

遗憾的是，由于他们的指导方式是灌输成人式的绘画技巧，所以，只用了一年左右的时间就让孩子画出这种令人遗憾的作品。

四岁

● 动笔之前先决定绘画内容

四岁的孩子，已经能够用语言思考，并让自己的行动遵从语言命令。进行绘画活动时，四岁孩子也不再像三岁孩子那样先跟从手脚的运动画画，然后再对画出来的东西进行解释说明，而是先用语言组织印象，然后再决定自己的行动。

因此，四岁孩子在进行绘画活动之前都要和老师、同学进行讨论："我们画什么呢？是画挖土豆的画呢，还是画做游戏的画？"四岁孩子能够首先讨论并决定绘画的内容，然后在脑海中组织对绘画内容的印象，最后再动手画画。

图 45 就是这样产生的一幅作品，是四岁十个月的友见小朋友画的。画面中满满地罗列着还没挖出来的土豆和已经挖出来的土豆。大的、小的，还有老师挖的、朋友挖的、自己挖的，

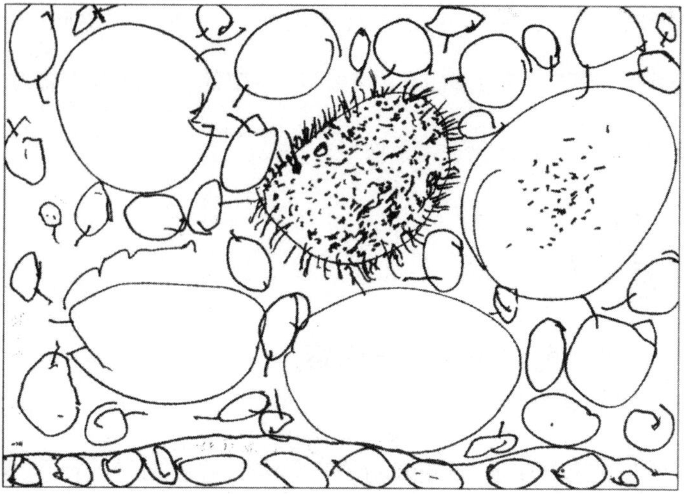

图 45　决定了画什么之后画的《土豆》（四岁十个月）

图 46 《在公园玩耍》（四岁）

都毫无秩序地排列着。

图 46 是高知县大方区中央幼儿园的阿弓小朋友画的《在公园玩耍》。阿弓在公园里有时和小朋友一起玩沙子，有时捡树叶玩，有时去喝点水。孩子把所有这些活动都用一条线来表征，在画纸上耐心地画得满满的。右上角的黑色圆圈代表饮水的地方。

图 47《乘着游轮去大阪》是贺汤小朋友画的。画的是她和妈妈两个人坐着大游轮去大阪旅行的情景。头体二足二手像中那个小的是贺汤本人，和她手拉手站在一起的是她的妈妈。在画纸的最边缘画的大的四方形代表游轮，而中间小的四方形代表能让贺汤从船舱向外看到大海的窗户。

● 四岁儿童的“同存表达”方式

图 48《青少年之家》是四岁十一个月的小健的作品，画的是和中央幼儿园的老师、小朋友一起，乘坐公共汽车去青年之家秋游的情景。尽管是在画面的正中间从侧面画出了公共汽车的车身和轮胎，却用涂色的方式表征后车灯和车前面的台阶和

图 47 《乘着游轮去大阪》（四岁）

图 48　用同存表达方式的《青少年之家》（四岁十一个月）

门。根据崛野老师的记录，画面左侧画的是去的时候走的沙土路，右下侧画的是回来时走的柏油路，柏油路的上面还画着行车线。像这样把来回不同时间经过的两条路并列表达在同一个画面的方式称为“同存表达”。这是一种经常出现在四至七岁儿童的绘画作品中的，学龄前儿童时期非常典型的表达方式。右上角的青少年之家，是一个用游廊连接的坚实的近代化建筑。小健把这些都一一地真实表现出来。这幅画可称得上是平面并列表达方式的杰作。

图 49 是四岁八个月的美保小朋友画的《幼儿园的小朋友和老师》。虽然头发的画法还残留着成人教授过的痕迹，但是，从画面上满满罗列的幼儿园老师和同学等人物形象来看，人物的表达方式是非常符合四岁孩子年龄特征的头足人像和头体二足人像。可以说这幅画是这个时期的典型力作。

美保在画面的左角把自己画得很小。整个画面一共有二十三个人物，其中包括宫子老师、森老师、野波老师、竹正老师，还有名直、大慈等关系要好的小朋友。最左上角，那个横着画的，是园长先生。

关于这幅画，我就不一一细说了，请大家重新仔细看看图

45《挖土豆》、图 47《乘着游轮去大阪》的解说，用心去体会四岁儿童绘画中的含义。

● 教育方式的改变造成孩子的改变

儿童身心发展的原动力是自主教育能力，用来培养儿童的营养物质是环境。因此，心理科学研究会曾指出这样的规律："儿童身心发展的源泉是环境"。

图 49　四岁儿童的力作《幼儿园的老师和小朋友》

作为保障儿童身心发展的营养源泉——环境，有两种存在形式。一种是自然环境，另一种是社会环境。家庭中，父母应该承担主要责任，为学龄前儿童创造良好的社会环境。在幼儿园或育儿机构，这个责任就应该由以园长为中心的老师承担。人是社会性动物，希望融入社会，具备被社会接受的社会性，对人来说是一种本能的需要。而且，就像我们在第一章已经讲述过的那样，“绘画作品只有被人欣赏后，才能称得上真正的绘画作品”，儿童的绘画作品不仅要被人欣赏还要被人倾听，“被人倾听过的儿童绘画作品，才能称得上真正的绘画作品”。

在儿童所属的社会中，是否存在着热切关注儿童绘画作品、欣喜地倾听他们绘画内容的人，决定着是否能够创造出培养儿童绘画能力的社会环境。希望大家观察一下，孩子所处的环境中是否有能够倾听他的老师，孩子的绘画发生了什么样的变化。

我们把能够起积极作用的老师称为 A 型老师，而那种对孩子的画根本不给予倾听的称为 B 型老师。

图 50 和图 51 是同一个孩子的两幅作品。图 50 是四月十四

日，孩子四岁六个月时画的，图 51 是八月十日孩子四岁十个月时画的。这两幅画很难让人想到是同一个孩子画的。图 50 是一幅潦草的反映烦躁情绪的画。而图 51 给人的感觉就像和暖的春日，画面上排列着平滑圆润的封闭圆圈。从绘画内容来看，图 50 受到了电视动画片的影响，画的是《变形金刚》。图 51 画的是玩具和点心，反映了孩子温暖的生活情景。画这幅画的时候，孩子说："我要画很多点心，还要一直一直（和喜欢的老师）在这里。"图 50 是孩子和 B 型班主任老师在一起时画的画。图 51 是 B 型老师休息不在的时候，和喜欢的老师在一起时，画出令人意想不到的好作品。

通过同一个孩子完全不同的绘画，深刻反映出了成人是否为孩子创造了能够接受他们的绘画的社会环境。

五岁

● 看了就明白的五岁儿童的画

五岁儿童绘画的特点，不再像三四岁的儿童那样，用表征的手法按照自己的"计划"来绘画，而是使用成人一看就能明

图50 情绪烦躁时画的画（四岁 B型老师的指导）

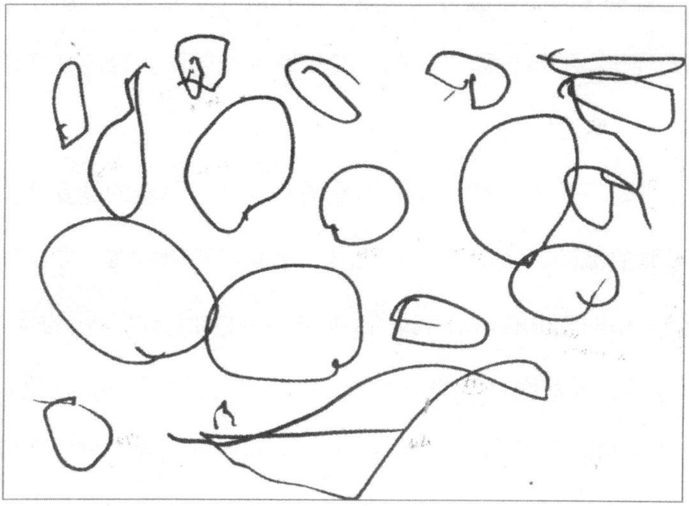

图51 就像小阳春的天气那样温和流畅的画（四岁 A型老师的指导）

白的“再现式表达方式”绘画。画中的人物开始出现穿着衣服的形象。从绘画中可以看到，五岁的儿童对事物之间的相互关系非常感兴趣，但表达方式仍然是并列表达方式。

图 52《狮子》是有听觉障碍的小 T 参观了动物园之后画的。孩子对狮子的印象十分深刻。从这幅画中，我们可以清楚地看出出狮子的身体和头部的关系，尾巴、腿、鬃毛和整个身体之间的关系。孩子虽然是第一次见到狮子，但是他清晰地捕捉到了狮子的形象。唯有狮子的脸采用的是这个时期孩子特有的拟人化表现形式。

图 53《乘轮船渡过东京湾》是我的大女儿画的，画中表现的是她五岁那年夏天，在东京港和家人一起乘坐轮船初次渡过千叶海，然后住在民宿的情景。

带着贝雷帽站在甲板上的是爸爸，空中飞着的是女儿头一次见到的海鸥，大海里鱼儿跃出了水面。轮船的右上角画的是自己，和摇篮里的弟弟并排着。画面下侧中自家的车用的是“透视画法”，最前面开车的是爸爸，坐在中间座椅上的是妈妈，最后面的是哥哥。甲板上的爸爸和开车的爸爸出现在同一个画面之中，用的是“同存表达”的方式。海上的灯塔画在了轮船里

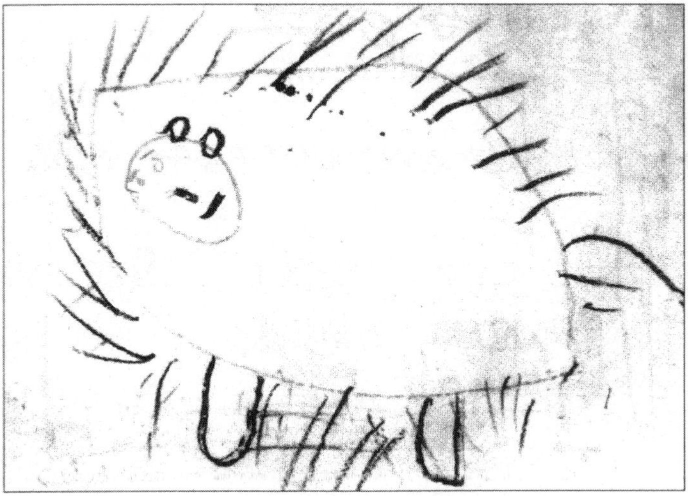

图 52　成人一看就明白的画《狮子》(五岁)

图 53 《乘轮船渡过东京湾》(五岁)

面，用的是并列表达方式。

● 画中反映出对老师的评价（五岁十一个月）

图 54 是高知县滨松幼儿园五岁十一个月的弘平小朋友画的，它的题目叫作《老师的脸变得越来越大了》。老师又不是正在成长的孩子，为什么他的脸会变得越来越大呢？当时这幅画成为大方区育儿研究会的话题，作为读者，对孩子的心理该如

图 54 《老师的脸变得越来越大了》（五岁十一个月）

何理解呢？我是这样解释的：

绘画是价值的体现。对自己毫无价值的东西，孩子绝对不会在画面中表现出来。因此，这幅画中所出现的老师的形象，反映出孩子承认老师存在的价值。对于教育的正确评估，不仅包括成人对孩子的，也包括孩子对成人的评价。弘平一开始对刚刚调动工作过来担任班主任的宫地老师一点都不熟悉，经过两个月左右才熟悉起来。三个月之后，弘平会经常在家里提到老师的事情。这幅画反映出老师在弘平的情感生活中所占的地位，可以看出弘平对老师的评价越来越高。

● “变形的脸”是孩子诚实品格的体现

图 55 是伊田幼儿园刚过五岁的麻里小朋友的画。这幅画同样成了大方区育儿研究会的话题之一。提出问题的是班主任宫地老师。和平时的绘画方式不同的是，这次画的人物脸型有的是少一半的变形的脸型。对此，宫地老师觉得十分不可思议，不知道应该如何看待这幅画，因此在这次研究会上把这个问题提了出来。

图 55　变形的脸是孩子诚实品格的体现（五岁）

初次担任班主任的老师可能会认为这幅画让人感觉不舒服。读者朋友们看了之后又有什么感觉呢？我看到这幅画后，反而会为孩子真实的表达方式而感动。

这幅画画的是暂时带班的山前老师，幼儿园里的小朋友们和幼儿园里饲养的小兔子。兔子用的是拟人化表达方式。从签字笔的运动轨迹可以推测出，这幅画是从左上角的人物开始，向右下角的方向逐渐完成的。孩子从左面开始画人物，在画下一个人物的头部时为了避免线条接触到左面已经画好的人物形象，慎重地改变了线条的走向，这样就形成了有变形的脸。

这正体现了孩子对自己画的画有多么爱惜。孩子照顾着每一个自己画好的形象，不愿意让线条出现重叠的现象。我认为这幅画是关心事物之间相互关系的五岁阶段的杰作，是孩子品格诚实的体现。

六岁至八岁

● 六岁儿童的杰作

图 56《疲倦、流汗的爸爸》的作者是高知县土佐清水市浦尻幼儿园六岁三个月的小竹。小竹的爸爸是一位土木工程劳动者，每天开着翻斗车运送搅拌好的混凝。下班回来的爸爸经常是额头、脸颊上满是汗水。小竹当然知道这是因为爸爸工作很辛苦的缘故。在炎热夏季的一天，小竹一边想着爸爸工作的样子，一边画出了这张画。据班主任竹原老师的记录，小竹当时是这样说的："完成运送混凝土的工作后回到家的爸爸非常疲倦，出了很多的汗。"六岁孩子对事物之间的关系有了更进一步的认

图 56　六岁儿童的杰作《疲倦、流汗的爸爸》

识，这幅画非常符合六岁儿童的这一特点，是一幅表现亲密亲子关系的杰作。

图 57《散步》是永一小朋友画的。在离幼儿园两公里左右的地方有一个“有缘堂”。永一把去有缘堂散步时去的路和回来的路画在了同一个画面上，这是典型的“同存表达”的绘画方式。画面下方的建筑物是幼儿园。这幅画的基底线是建筑物脚下的运动场和公路的线。孩子在画去的道路时是从侧面画的，

而回来的路却是平面画法。永一关于这次散步的话题曾经画过两张画，另一幅是图 58《有缘堂》。

《有缘堂》画的是幼儿园的孩子们散步到有缘堂的时候，园长先生坐在窗外遮雨的窄廊下，给大家讲野种兼山先生和他女儿的故事。他们父女曾经在这里种植田地，开辟道路。右侧的建筑物就是有缘堂，建筑物前画的比较高大的人物是园长先生。画面中的两棵树，左面的是冷杉，右面的是冬青树。在这张画里，永一准确地表现出了园长和孩子们的不同，以及树干和树叶，冷杉和冬青树之间的区别。看到这些，我们不得不为一个六岁孩子敏锐的观察力而感到钦佩。我们可以判断出，这幅画的基底线是画面最下方的直线。孩子真实地表达出人物和树木在基底线上垂直排列的状况。孩子的画又一次提醒了我们重视幼儿教育根本问题的重要性。

● 设计图案

就像《有缘堂》这幅画中树的绘画方式，六岁儿童不但能用眼睛敏锐而自然地识别出冷杉的叶子形状是细而尖的，冬青

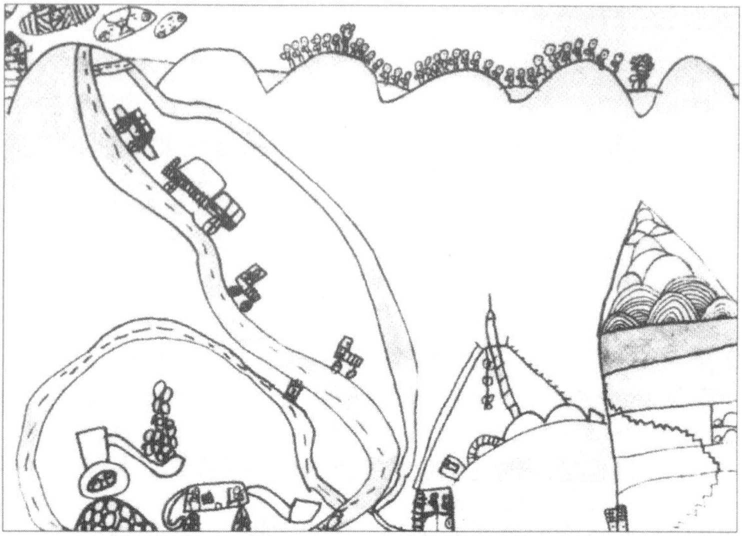

图 57　从侧面画去的路，回来的路用平面画法的画《散步》（六岁三个月）

图 58　分别画出树干和树叶的画《有缘堂》（六岁）

树的叶子形状有点像山茶树，叶子是圆形的，还能够用形象化的图形把它们表现出来。六岁的儿童已经能够像这样，掌握了用自己的眼睛从自然界或社会捕捉单纯的形状，并把它形象化的能力。而且，六岁的儿童还能够自如地运用这种能力，并对设计图案显示出特别的兴趣。

学龄前儿童的这种图案设计，让我们联想到人类社会“从图画到象形文字”的文明发展过程。

图 59 是川越市桐华幼儿园秀明小朋友的图案设计。最上面的是花，然后是月亮、云朵、雨伞、忍者的佩刀、棒球、帆船，最后是苹果。这幅图案设计的绘画，是孩子们在模拟商店游戏时发展出来的一种新的游戏方式。

我认为，到了六岁这个阶段，儿童已经掌握了五六千个词汇，并且逐渐把口头语言内化、提升为思考工具。儿童在这个阶段对图案设计感兴趣，也正和这个发展过程有着密切的关系。班主任鸟居淑子老师，对儿童设计图案的现象十分关心。据她的观察，热衷于图案设计的孩子是能够独立玩耍，能够画出自己的画的孩子；而不能画出自己的画的孩子无法对图案设计产生兴趣。

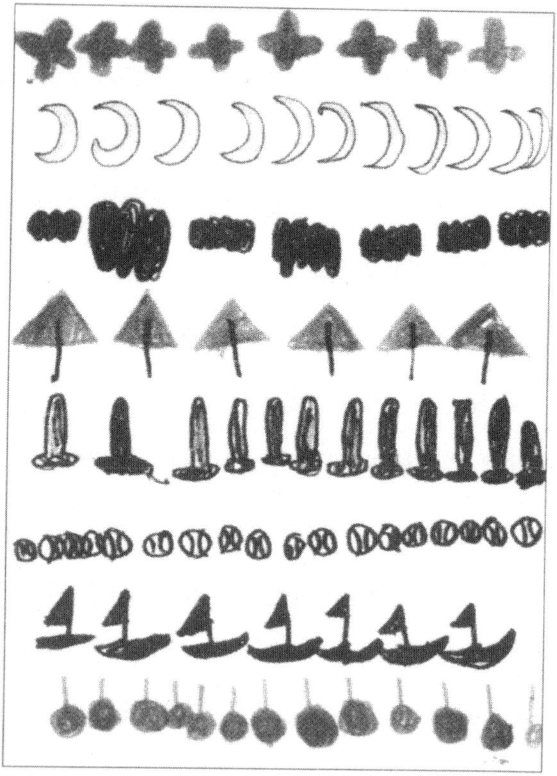

图 59　图案设计（六岁）

无法画出遮挡关系的七岁儿童

在第二章中我们介绍了真万小朋友的画，《钓鱼》（图 27），

《相扑》(图 28）和《游轮》(图 29)。1984 年的四月，真万从伊田幼儿园毕业升入了同一校区的伊田小学。这一年，真万七岁了。

在秋季运动会上参加拉网活动[①]，让真万初次体验到了小学的生活。图 60《拉网》这幅画就表现了当时的场面和真万紧张的心情。孩子把当时出场的所有人物都并列画在了运动场的地面上。画面的上方，画的是连绵的山峦，表现出“远”的感觉。在这里基底线已经失去了它的意义，所有的事物都画在一个想象中的平面上。但是，孩子还只能以并列的形式画出事物的前后关系，却不能用重叠方式画出前后遮挡关系来。

在这里，表现形式上出现了新的矛盾。让我们来看看真万是如何处理这个新矛盾的吧！这幅画的主要人物是指挥运动会的体育老师。他脖子上挂着哨子，右手举着发令枪，一边发出命令“开始”，一边打响了发令枪。从画面中，我们好像能够听到发令枪的枪声在运动场上回响，白色的烟雾从发令枪的前后喷出。一年级的学生分成红组和白组，叉开双腿站定，分别用

---

① 译者注：拉网类似中国的拔河活动。

图 60 《拉网》（七岁小学一年级）

力地拉网。在这个画面中，主角体育老师手的位置正好有两个学生。真万画的时候没有使两组事物重叠，而是突然改变了人物的大小，这样就解决了这个问题。

另外，对于在网下方的人物，可以画出两脚分开站立的姿势，网上方人物的腿脚却被网子遮挡住了。真万所在的白队站在网的下方，他希望也画出网对面同学们的站立姿势，但是又不愿意把同学们头下脚上地倒着画。于是，真万把网对面所有同学的腿都画得很短，看起来就像上肢长、下肢短的大猩猩。在孩子们的背后拿着旗子挥舞的是从村子里来助阵的大叔们，右端站着的是班主任小笠原老师。画面中所有的人人都画得比孩子的比例要大一些。这个时期的真万已经摆脱了自我中心主义的心理倾向，不再把自己一个人画得大大的像个英雄，而是把自己放在集体中一员的位置，这反映了七岁孩子在社会性方面的成长。

七岁的孩子逐渐能够画出让人“一看就懂的画”，也就不再像以前那样对画的内容说个不停。真万也是一样，即便是面对他最喜欢的，经常到学校来看望他的中野老师，也是爱答不理的样子，不愿意详细介绍绘画的内容。这是因为，红白哪方获胜之类的问题，不用多问，看看画就能够明白。

能够画出“一看就懂的画”，而不再画那种“听了解释说明才能明白的幼儿的画”，是作为小学一年级学生的七岁孩子值得自豪的一件事，也是孩子身心发展的表现。也正是这个原因，孩子在反映内心问题时，不再仅仅依靠口头语言这一种方式，而是逐渐发展到能用书面语言来表达的阶段。

● 书面语言能力的获得

现在，让我们以真万小朋友为例，看看孩子们是如何获得书面语言能力的吧。

真万的班主任是伊田幼儿园的中野幸江老师。她为孩子在幼儿园最后三个月所设立的教学目标是："成为会写自己名字的孩子"，并在教学计划中做了文字指导的日程安排。1 月 23 日是计划中的"铅笔日"，从这一天起，孩子们从老师手里接过 2B 铅笔。老师为孩子们准备了日语的五十音图表。孩子们用剪刀把图表剪开，然后找到自己名字的日文，把日文和发音准确地对应起来。就这样，以每天两个字的速度，学习文字的书写方法。三四天后，所有的孩子都能够漂亮地写出自己的名字了。

那么，到了小学以后，孩子们又是怎样学习书面语言的呢？真万的小学班主任，伊田小学的年级主任小笠原老师说："现在，多数老师在教小学一年级语文课的时候是以阅读开始的，而我却从文字指导开始。我们按照五十音图的顺序玩组词游戏，把每个学生说出来的词汇记录在黑板上。我们的黑板每天都被这些词汇所湮没。在这期间，在家里学过文字的学生，当然会对这样的学习非常有兴趣，即便是在家里从来没有学习过文字的学生，也能在这个过程中培养出正确的学习态度和良好的学习成绩。”

就这样，一个学期结束的时候，真万已经能写出很漂亮的日文。真万的例子以及他所在的幼儿园和小学的教育实践又一次告诉我们，六至九岁是孩子获得书面语言能力的最佳时期，在这个时期给予孩子适当的指导才是最重要的。

● 八岁儿童用书面语言描述绘画

图 61 是大野见村中央小学二年级的学生南部计文画的《暑假》。下面的作文是对这幅画的说明。

老师您好：

这幅画，画的是我的暑假。卡车闯入海滩。爸爸支起帐篷和渔竿。我在水中自由地游泳。爸爸钓到了鲻鱼。我们度过了凉爽的一天。夏天真热啊，但是我们觉得非常有趣。

作者在画中采用了透明画法，画出鲻鱼和戴着呼吸器游泳

图61 《暑假》（八岁 小学二年级）

的自己。又用“同存表达”的方式再一次画了从海里出来在水龙头下洗澡的自己。整个画面很好地表现了作者对暑期海边生活的回忆。

而这篇作文写得就好像是在和老师聊天。我曾经在访问这所学校时直接听到孩子念这篇作文。虽然没有具体时间，孩子的语言表达也不够流利，但是班主任永森节子老师还是让孩子把这篇作文写了下来。永森老师是生活作文教育的专家，非常重视根据孩子日常的书面语言提高孩子的表达能力。放学后，她让我看到了她们班里的孩子当天写好的作文。

让我们一起来欣赏一下。这幅画（图 62）是同一所学校的南部三佳同学画的《坐在卡车上的我和爸爸》。在这幅画中孩子克服了七岁左右就出现的表达方式上的矛盾，确立了“三维并列表达方式”。我们可以从画中看到属于八岁这个年龄特征的沉着和稳重。孩子使用了“重叠表达方式”，把乘坐在卡车上的作者和父亲的腿都隐藏在了车门后面，道路另一边也有一部分看不见的石墙隐藏在卡车后面。遮挡或部分遮挡的绘画技巧是八

图 62 《坐在卡车上的我和爸爸》（八岁　小学二年级）

岁儿童所掌握的更新、更高一级的表达技巧。

对于这幅画，三佳在她的作文中是这样进行说明的：

这幅画画的是我和爸爸坐着卡车正在回家的路上。路边的石墙上开着龙爪花和郁金香。狗在车后追着我们跑的样子，因为太难画了，我就没有画。对面是黑色的房子，房子前面种着黄色和粉色的花，非常好看。

● 不适合小学生的主题绘画活动

图 63 是一个小学二年级学生的作品。几年前，我在某县的中小学教师研讨会上演讲，参加会议的老师拿着这幅画向我提出了这样的问题："二年级的学生是否可以用铅笔做绘画练习？按说这个年龄已经可以进入涂色练习阶段了，但是孩子通常画得非常潦草，不能耐心地涂到最后。在涂色方面，老师应该怎样来指导孩子呢？"

这幅画，画的是人呀、树木等在水中的倒影，所以画纸的四个角做了留白，没有涂上任何颜色。从整个画面中可以找出七八处画得非常潦草的地方。虽然作者已经到了能画出"一看

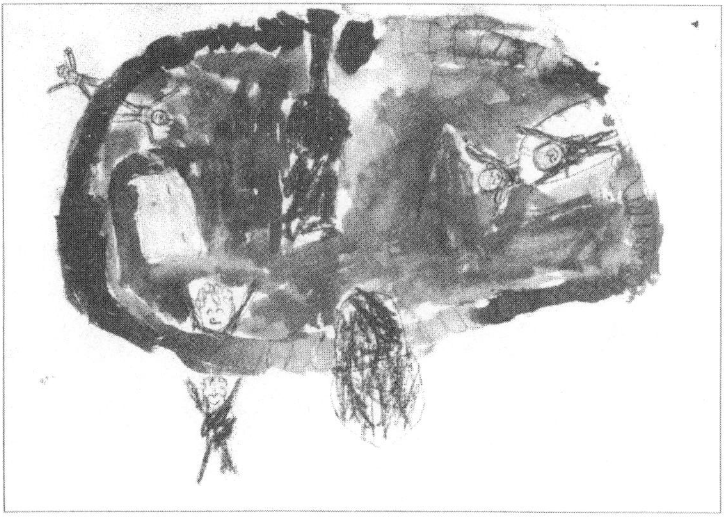

图 63　从教科书上选取的不适合小学生的主题曲（八岁　小学二年级）

就懂的画”的年龄，但作为读者看到这样的作品，能从画中找到作者想要表达什么意愿吗？从我的角度，无论怎么看都找不出孩子想要表达的意愿。从铅笔的使用方法和蜡笔、水彩的使用方式来看，也找不到一丝孩子融入真实感受的表达，甚至可以说，整个画面都是孩子马虎、潦草的随手乱画。这幅画不是孩子主观上想要表达什么而画的，是被迫无奈的情况下画出来应付差事的，对孩子来说没有任何价值。

于是，我向这位老师提出了我的问题。我认为，这幅画的问题并不是绘画技巧的问题，而是孩子的绘画意愿和认知能力的问题，为什么要让孩子画这个主题呢？那位老师的回答是：“因为教科书上有这方面的主题，所以就让孩子画了。”的确，文部省的教科书《图画与手工》中有一页是这样一幅画（图 64），文字说明是这样写的：“雨停了，像镜子一样水面上出现了各种各样的倒影。”但是，尽管教科书上选用了这个主题，由于这样的主题并不适合七八岁的孩子，所以孩子对此并不感兴趣。等到孩子九岁以后，无论是对事物的认识还是绘画技巧都有了质的飞跃，孩子才有能力画这种表现自然现象的主题。

图 64　教科书上选用的主题曲《雨停了》

● 教科书就完全正确吗?

日本学校教育法第十七条规定，学校要“施行适合孩子身心发展的初级普通教育”。以此为目标的小学老师，却因为某些教学内容载入了教科书，就简单地以此为理由，在实施教学活动时不再考虑孩子的身心发展状况、能力水平和情感需要。作为教师应该不受任何不合理做法的影响，有义务直接对孩子（家长、国民）负责任（教育基本法第十条），这样才称得上是“灵魂的工程师”。前面那位提问老师的做法是非常不负责任和令人遗憾的。如果全国的教师都这样做，都用这种方式对待教材的话，会出现什么样难以想象的局面呢？那样的话，全国范围内就会蔓延着一种“只教课不教育”的现象，即所谓的“形式主义、管理主义的工薪制教育体制”。这种“只教课不教育”的现象在全国蔓延，就意味着全国小学生被灌输的是从课本第一页开始所载入的知识与技术，被迫接受的是一种填鸭式的旧式教育。这也意味，这孩子所遭受的不幸将在全国范围内蔓延。事实上，这种扭曲人格的教育，让孩子遭受不幸的悲剧，目前正在全日本不断地上演着。这种由非科学性的、非艺术性的、不系统的教科书所制造出的悲剧，反映的是日本教育危机的一个侧面。面对这种状况，我们必须要想办法解救这些遭受不幸的孩子，守护真正属于孩子们的文化活动。

那么，为了实现这个目标，我们应该怎么做呢？现如今，日本成人社会中文化衰退的现象十分普遍，而且已经成了全国性的、体制性的问题。这种状况仅仅依靠一两个教师的力量是无法改变的。但是，无论是什么样的社会问题，若要想有所改善，又必定是从某一个人的行动开始的。所以首先，在小学任职的老师，无论如何都要为孩子提供适合其身心发展的教育，把最好的文化融入教材中。因此，要重视培养教师自主编纂教育课程的能力。并且，我希望当老师的，要学会摒弃教科书中不利于孩子成长的内容，为成为孩子的文化守护者迈出勇敢的第一步。

其次，造成现在这种状况，是教育制度的问题，因此，我们必须改善教育制度，对不合理的部分进行民主化改革。

如今，社会上讨论教育的自由化和个性化，提出教育自由化的关键是教师的“教育自由”。而教育自由对于现在的教师简直可以说是不可能的任务。每个教师首先要面对超过四十人的大规模班级，还有各种不利条件阻碍着教师的“教育自由”，特别是教师对自己使用的教科书都没有自由选择的权利。我们必须在教师的“教育自由”基础上，摈弃现在使用的这种像劣质杂志一样、不科学的图画美工教科书，贯彻科学与发展的教育理念。只有教育制度民主化、教科书编撰制度民主化，才能使孩子们不再遭受现在这种不幸。

九岁

● 面临转折期的九岁儿童

从我们之前的讲述可以了解到，在孩子一岁到八岁的阶段中，三四岁是一个非常重要的绘画转折期，就如同人类发展史上从猿类转变成为人类时的本质飞跃。而到了八岁半至九岁这个阶段，孩子则又面临着一个非常关键的转折期。到九岁究竟会发生什么样的变化呢？就让我们通过高知县南国市日章小学的竹内功老师的教育实践来学习一下吧。

三年级对孩子来说是一个非常重要的时期，需要经验丰富的老师做班主任。竹内功老师从二年级开始连任，继续担任三年级的班主任工作。担任班主任的同时，竹内功老师还负责给孩子做生活指导，带领孩子们做培育植物、饲养小动物的特别活动。这所学校等特别活动，是在花坛里种植花草，在拉上铁丝网的小屋里饲养家禽和兔子等小动物。我们去访问这所学校的时候，正值四月，孩子们精心培植的各色郁金香，在南国初夏的暖风中盛开、摇曳。

图 65《丝瓜》是名仓正高同学画的。他和伙伴们一起在特别活动中种植了丝瓜。这幅画表现的正是孩子一起收获丝瓜时的喜悦之情。这幅画的内容是亲手培育的丝瓜结出了丰硕成果。刚刚长出的带有浅浅颜色的丝瓜；稍大一点，形状变得有些像电灯泡一样的丝瓜；长长的，长得有自己身高那么长的丝瓜。孩子对每一种丝瓜的形态都一一地做了观察，并仔细地描绘了出来。同时，孩子通过三个人物形象，表达了丝瓜丰收时的劳动喜悦。其中，一个人正在摘一个结得大大的丝瓜，真切体会着自己的劳动成果，另一个人，高兴得又叫又跳。还有一个人用手捧着丝瓜仔细地欣赏。

图 65　九岁儿童的杰作《丝瓜》（九岁　小学三年级）

正像马克思说的那样："九岁以后的儿童必须成为一个劳动者。"而这幅画正是反映这方面内容的画作：九岁儿童通过劳动，迈出向成人生活发展的第一步。

● 九至十岁的视觉写实主义

看到图 65《丝瓜》中，弯弯曲曲的丝瓜架的画法，以及人物的表现方式，大家一定会对这种与儿童幼儿期绘画有着巨大差异的表现手法感到十分吃惊吧。为慎重起见，我们把处于幼儿期绘画尾声阶段的八岁时期的画，南部三佳同学的作品《坐在卡车上的我和爸爸》（图 62）拿来做个比较。我们可以看到，图 62 近景中的花草、卡车、人物、地面、石墙，以及石墙上的花草、树木枝叶的表现方式，都是在一个平面上以平行并列方式画出来的。而《丝瓜》这幅画中却再也看不见这种“顺序排列的绘画方式”。其中，人物的绘画全部都是为了表达心理活动。丝瓜架以及叶子、丝瓜的画法，都是通过观察，按照亲眼所见画出来的。追求彻头彻尾的真实，按照亲眼所见的真实情况绘画，是九岁儿童的特征。为了向他们这种积极的表达热情及诚实的态度表示敬意，我把这种绘画方式称之为“九至十岁的视觉写实主义”。

我们可以看到，孩子在画《丝瓜》这幅画的时候，对每一件事物都是一边认真观察一边画下来，以至于整个画面有点失去平衡。尽管孩子原本希望把最右边的人物画出来，但由于沉溺于对丝瓜的描画，占用了过多空间，以至于最终只在画面的右侧画出了半个人物。

下面我们来欣赏一下另一幅九岁孩子的作品《手结的渔港》

（图 30，见 102 页）。这幅作品是藤原完同学在九岁三个月的时候画的，曾经是一九八四年南国市儿童作品展览会上的入选作品。画的内容是十七艘船和在船上工作的七个人物。作者同样以最诚实的态度希望能够画出俯视中的渔港的全部面貌，并对每一艘船都做了仔细的观察。同样是由于沉溺于对单个事物的观察，整个画面也是有失平衡。请大家仔细看看近景中的九条船中，从左数第五艘。在这里，孩子没有能很好地处理好这艘船和旁边船的关系，就好像这艘船是垫在其他船下面似的。这正是九岁儿童的绘画特点。对这种仅仅是为了表现每个事物的真实存在的绘画方式，我称为“一维平面的写实表现”。

● 九岁儿童的绘画指导方式

通过前面的讲述我们已经了解到，七八岁孩子画的画，即使不用语言来解释，我们也能够看出孩子画的是什么内容。不仅如此，这个年龄的孩子还能够用书面语言来对自己的绘画作品进行说明。那么，对于已经掌握了这些能力的九岁孩子，我们应该用什么方式使他们的绘画能力得到进一步的提高呢？

竹内老师的方式是，在绘画开始之前就首先要求孩子的画面要充满故事性，然后进一步要求孩子画一幅不需要作文说明就能让人看懂的画。平时和蔼可亲的老师，在这个时候竟然能够提出如此严格的要求。然而，能够严格按照老师的要求去做的也正是九岁的儿童。这个年龄正是儿童向成人绘画迈出坚实的第一步的阶段。但是，如果在这之前老师没有要求孩子经常用书面语言记录自己的想法，没有对作文进行精心指导，老师是不能在这个阶段对孩子提出这样严格要求的。同样，如果在这之前孩子没有经常通过书面语言整理自己的想法，也无法完成老师布置的任务。

在这里，美术教育与生活作文教育有着深厚的关系。我把这种关系解释为："语言组织了绘画的内容。"九岁孩子需要用更理论性的书面语言来思考、组织画面。绘画的内容理论化了，表达的目的就更明确了。有了明确的目的，即使在绘画的过程中多多少少遇到阻碍，孩子也能够表现出一定的忍耐力，把困难一个一个地克服掉。正是因为有了这些小小的阻碍，才更激起了九岁孩子表达的意愿。这才是他们的绘画作品能够在这一时期彻底向视觉写实主义转变的关键所在。

竹内老师把每天的日记指导看作“孩子和老师之间往来的情书”。通过每天和孩子交换日记，不仅锤炼了孩子的书面语言，还和孩子做了一次内心深处的沟通和交流。因此作为“灵魂工程师”的老师的每一句话，都对孩子产生了深刻影响。通过这些九岁孩子的画，也能够看到孩子们为了达到老师的要求而勤奋努力的身影。

● 怎样培养孩子有一双会观察的眼睛

九岁的孩子，如果不具备能够洞察事物真实状态的眼睛，是画不出像《丝瓜》、《手结的渔港》这样的作品的。九岁这个阶段，正是培养孩子用自己的身体去感受世界，用自己的眼睛去发现真实能力的关键时期。换一种说法，四岁以后是儿童的“概念扩展期”，而九岁以后就是“概念的突破期”[①]了。

那么，善于观察世界，追求真实的眼睛是如何培养出来的

---

① 译者注：一种用来呈现我们的世界的简单方式，将具有相同特性的东西集结起来，而这个集结的结果形成了概念。概念是心理的范畴，它能够将不同的东西以一个单位来思考，从而达到某种目的。

呢？这里，我们再一次借鉴一下竹内老师的教育实践吧。

图 66 是小学三年级的西川阳一同学观察油菜后画的画。右侧的画，在画的时候，老师进行了指导，让孩子自己观察油菜并和萝卜进行比较。图的上面画的是花瓣的形状。左侧的画同样画的是油菜，是第二天孩子重新画的一张画。这两幅油菜的画是同一个孩子对同样的油菜进行了仔细观察后画的，但是结果却截然不同。右侧的作品中，叶子的画法用的是幼儿期的并列表达，果实、种子的画法用的是透明画法，左右对称的叶脉也用的是并列表达的方式。尽管是经过观察后画的画，但画出来的结果却不是按照实际观察的样子画的，而是按照孩子的认知画的，是典型的幼儿期“感觉写实主义”的作品。

令人惊奇的是，仅在一天之后，孩子第二次画油菜的时候就画出了左侧那样的作品。请大家看看叶子和茎的连接方式和叶脉的画法，这些完全是经过认真观察，按照亲眼所见的样子，画得非常接近油菜的真实状态。仅仅经过一天的时间，孩子是如何发展出会观察的眼睛呢？原来事情是这样的，第二天上课的时候，老师这样指导学生：“请大家再把油菜花拿来，放在自己的面前仔细观察。比较一下自己画的油菜和真实的油菜有什么不同。”由于老师的引导，孩子们再一次把自己的画和实物做了仔细的比较（即概念的重新整理）。这样做，等于是把自己昨日的行为和今日的现实进行了对照，从历史的角度分析自己做得是否正确。

儿童在七岁时进行的游戏就已经是一种“有规则的游戏”了（皮亚杰）。社会性的发展使儿童能够从社会的角度、历史的

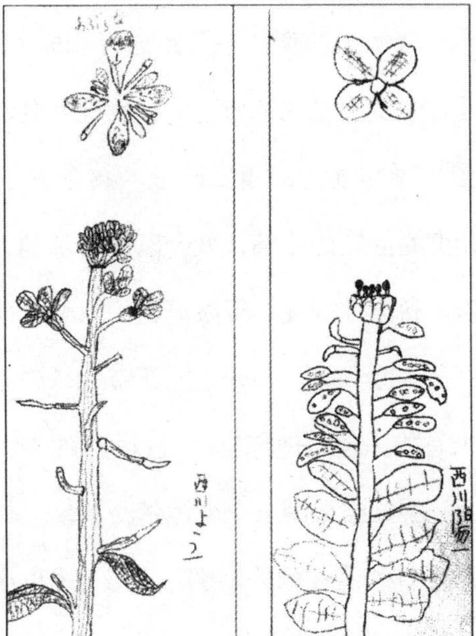

图 66　油菜的观察记录（九岁　小学三年级）

角度分析自己的行为，并提高用自己的意志规范自己行为的能力。基于这种社会的、历史的角度，孩子重新审视了自己前一天的绘画作品（行为），很快就惊异地发现自己的绘画与实际的油菜有着巨大差异。这种惊异的发现正是孩子对自己行为的反省。而正是这种反省使孩子更有表达意愿，更积极地希望画出接近真实的作品。于是，在孩子希望积极解决问题的探索精神中，左侧那样的绘画作品诞生了。

在九岁这个年龄，儿童能够开始进行和成人一样的劳动。而且不仅如此，九岁也是儿童自己主动发现问题，想办法解决问题，提高自主学习能力的重要阶段。孩子有了能够从社会的、历史的角度看问题的眼睛，就会以此为基础，培养出能够发现问题，能够科学地捕捉、观察事物的眼睛。通过第二次画油菜的课程，孩子回到家后，开始重新审视身边的事物，从中找到了前所未有的乐趣。他们自己进行观察，把植物的花朵、叶片的分解图、观察结果图一个个地带回教室。其中有郁金香花的分解图，还有蔷薇花的分解图。在孩子们的观察报告中，郁金香有六枚花瓣，而蔷薇有三十二枚花瓣。一般情况下，画郁金香的花时都只是简略地画出三枚花瓣，而经过孩子们的亲自调查，发现郁金香原来是有六枚花瓣的。通过这样的活动，孩子们打破了固有的概念，对事物的印象不再局限于已有的成见，在追求真实的过程中，培养了一双能够科学地观察事物的眼睛。

学生的能力增长，同时能够反映出老师的教学水平。在竹内老师所教班级的教室里，每一个展示在墙上的作品都打着1000分。我问:“为什么满分不是100分，而是1000分呢？”竹内老师笑着说:“这么做的意思是告诉学生，这些作品的价值不止100分，而是值1000分！”竹内老师的内心也因为孩子的成长而深深地感动着。另外还有一幅西川同学的作品，内容是他自己在家研究的杜鹃花和木本杜鹃花。老师在这幅作品上写上了“西川阳一同学的研究成果”后，挂在墙上展示。有了老师的这种鼓励，学生会更加努力地用自己的眼睛去发现问题，并积极的努力想办法解决问题，这非常有利于培养学生自主学习的能力。九岁孩子的绘画能力，也会伴随着这种自主学习能力的增长而得到进一步提高。

让孩子的绘画回归自然

● 父母改变了，孩子就会改变

我们在志上画展上向大家展示了一些孩子的绘画作品回归自然的过程。

下面这些作品是来自在高知市文化馆主办的亲子美术教室画画的小朋友的作品。我们上课的主题是“倾听孩子的绘画”。这些小朋友每周来上一次课，一共上了五次课。孩子们的妈妈为我们按顺序整理出了这些作品。

这些孩子都还没到上幼儿园的年龄，大多数是由妈妈在家里指导画画，所以，第一次上课时画的画，受成人的影响很严重，非常不自然。

让我们看看第一个系列，五岁小 M 的作品。其中，第一幅（图 67）是用红色和绿色的蜡笔画的。作者本人对这幅画表现得很自信。但是，当我们问到这幅画时，小 M 的回答仅仅是“苹果”，其他内容就一概没有了。

从第二幅画（图 68），孩子的妈妈开始询问：“你在画什么呢？”孩子的回答是：“人。”虽然仍然没有具体内容，但是孩子的兴趣开始向人的身上转移。

第三幅（图 69）画的是“鱼”。从第三周起，孩子的状态完全转变了，对绘画的兴趣越来越浓厚，说起自己绘画的内容时也变得津津乐道。虽然绘画方式显得十分幼稚，但这幅画可以说是非常自然的，属于孩子自己的作品。

第二个系列，是四岁十个月的小 U 的作品。第一幅（图 70）可以说是一幅极不自然的画。孩子对于这幅画的内容也只说是“花”，别

图 67 《苹果》（五岁　小 M）

图 68 《人》（同上）

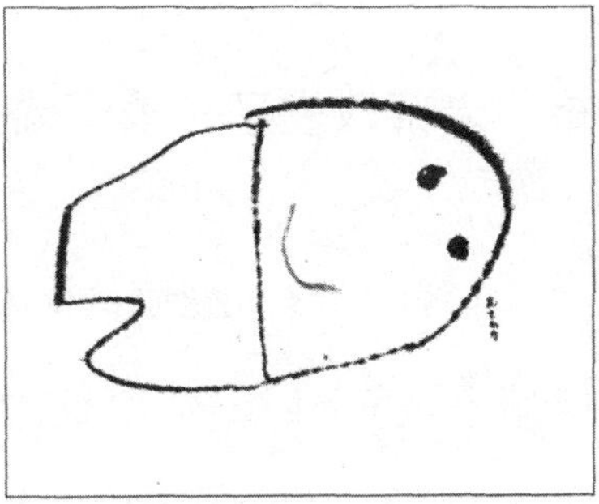

图 69 《鱼》（同上）

的就什么也说不出来了。

画第二幅（图 71）的时候，我们开始让妈妈注意倾听孩子绘画的内容。但是关于这幅画，孩子做出的仍然是简单的回答：“人。”

到了第三幅（图 72），孩子对绘画内容才有了更多的解释：“这是我姐姐。”这说明孩子的绘画主题开始向身边生活中的内容靠近。

画第四幅画（图 73）的时候，尽管线条有些笨拙、生硬，但是孩子能够一边画一边愉快地给我们解释：“这个是兔子先生。这是他的脚，这是他的晚饭，这是菜。”

这些例子告诉我们，当父母的态度发生转变的时候，孩子的画在短短一个月的时间里就会发生明显的变化。

● 老师改变了，孩子就会改变

作为六七岁儿童画的代表，我们已经介绍过真万同学的作品《钓鱼》（图 27），《相扑》（图 28），《游轮》（图 29）和《拉网》（图 60）。现在，让我们一起回顾一下真万的成长

图70 《花》(四岁 小·U)

图71 《人》(同上)

图72 《这是我姐姐》(同上)

图73 《兔子》(同上)

过程吧。

画出这些杰出作品的真万同学，在中野幸江老师刚刚接任班主任工作的时候，也曾经画过《冲浪快艇》(图 74)这种模仿成人画的、非常形式化的作品。这幅毫无内容的绘画，是真万在他五岁零九个月时画的。

但是，大概一个月以后，真万在画《急救车》(图 75)时，他的画开始变得有内容了。他对这幅画的解释是："着火了，急救车正往那里开呢！"

《黑猩猩》（图 76）是在八月三十日画的，这一天真万正好六岁。经过老师的努力，真万开始把从生活经历中获得的孩子式的感动融入自己的绘画，画出了这幅表现动物园参观的作品。

到了第二年，真万六岁六个月的时候，他凭印象画出了《为马拉松加油》（图 77）这幅画。通过这幅画我们可以看出，真万已经掌握了一种和孩子式的生活情感融为一体的，非常自然的表达方式。

● 把孩子从教学大纲中解放出来

在儿童幼儿期的绘画发展过程中，要数一年级的小学生所接受的考验最残酷。好不容易发展起来的绘画能力，在这时候可能会被弄得一塌糊涂。就像我们之前所分析的那样，其原因，是不科学、不系统的绘画手工教科书所造成的，其根源是小学的教学大纲。让我们一起来看看，日本小学的教学大纲在绘画手工方面，规定小学一年级的学生要达到什么样的目标吧：

A. 表达

1. 让学生和土、沙子等材料亲密接触，全身心地投入造型活动中。

2. 关心自然界以及人造环境中事物的形状及颜色，按照自

图 74 《冲浪快艇》（五岁）

图 75 《急救车》（同上）

图 76 《黑猩猩》（六岁）

图 77 《为马拉松加油》（六岁）

己的设计在造型游戏活动中进行创作。

3. 进行多种造型游戏。比如利用自然或人工材料进行排列、堆积；制作版画并印刷等。

大家看了这样的教学目标，有什么想法呢？第一项，全身心地玩沙子和土，那是幼儿一到三岁时最喜欢的游戏；第二项，大家都知道，这样的游戏是四五岁的孩子玩的东西；第三项，排列、堆积的造型游戏，仍然是三四岁孩子的最爱。只有“制作、印刷版画”才是符合六岁儿童特点的活动。这些教学大纲的目标，就是把带着小学生骄傲的一年级孩子带回到学龄前的发展阶段上。这样做孩子当然不会喜欢。

我们再看看下面的教学大纲内容。

B. 鉴赏

“欣赏自己和同学的作品，并描述作品想表达的内容和自己内心的感受。”这对于六七岁的孩子是极其残酷的要求。因为孩子只有到了九岁以后，才能够高兴地接受或经得起这种集体的评论。

另外，对于绘画用具的要求：“使用蜡笔等绘画工具，运用自己喜欢的颜色进行表达。”对于成人来说都是十分难以掌握的蜡笔、油画棒，却让孩子必须掌握。按照在这种教学大纲指导下编纂的教科书进行教学活动，会得到什么样的教学成果呢？图 78 至图 81 是真万同学在小学一年级第一学期画的四幅画。其中，图 78 和图 80 画的是线条的连接、线条的中断和连续的圆圈。这些都是两三岁幼儿的绘画游戏，现在却让一年级的学生用蜡笔来进行练习。而图 79 和图 81 画的是金鱼和春季运动会，大家一定能够感受到画面中全无生气吧。

然而，最无法忍受这种能力退化现象的，是真万的幼儿园班主任中野老师。这位老师，带着真万幼儿园时期的绘画作品来到小学，和小学的美术老师一起探讨，为什么真万进了小学之后的绘画能力反而在退步。如果说这位幼儿园老师令人尊敬的话，那么那位能够接受质疑，进行反思的小学美术老师更是令人敬佩。他及时接受幼儿园老师的意见，调整了教学计划，并在他的美工课中引入了幼儿园的教材及指导方法。于是，我们才有机会欣赏到真万更精彩的作品《相扑》（图 28）、《游轮》（图 29）和《拉网》（图 60）。我曾直接问过小学负责教授美术的小笠原老师，中野老师是怎样向他提出抗议的？小笠原老师感慨地说：“当时，中野老师把孩子们在幼儿园的作品包了一大

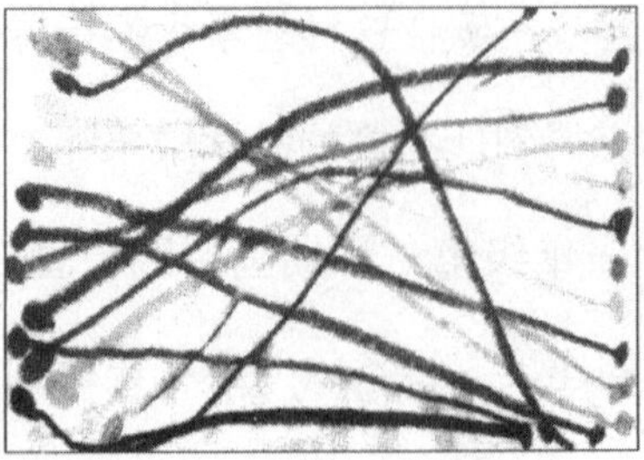

图 78　线条的连接（七岁 小学一年级）

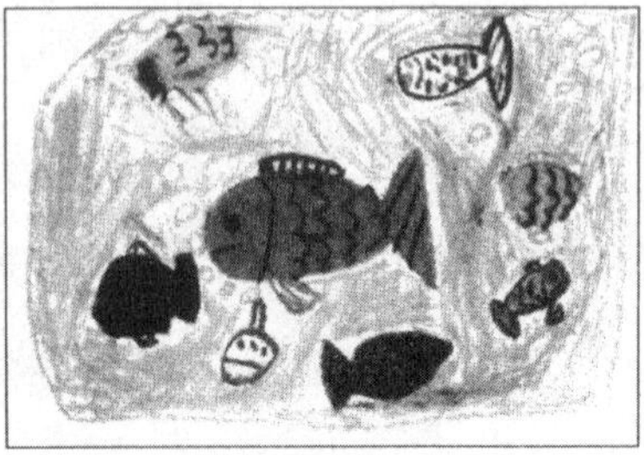

图 79 《金鱼》（同上）

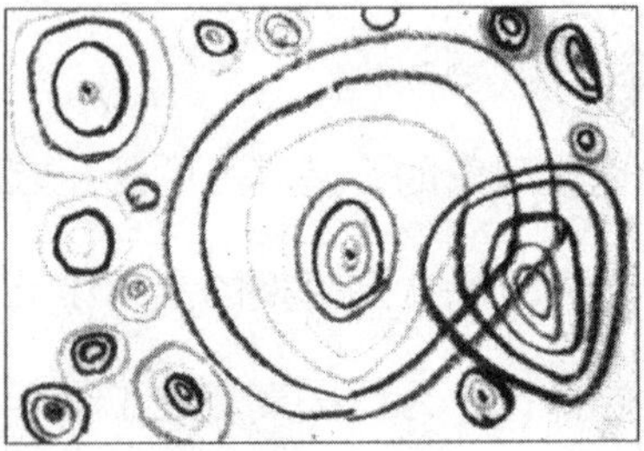

图 80 《连续的圆圈》（同上）

图 81 《运动会》（同上）

包拿到小学来，一张一张地让我们看。画得好的作品真是太多了。孩子们的作品才是最有说服力的东西。”

一位能够全面接受幼儿园老师意见的小学老师和一位即使学生毕业了仍然守护着自己学生的幼儿园老师，他们携起手来，共同挽救了一个孩子的绘画生命。这是一个多么值得我们深思的经验教训啊！

后　记

这本书由于长期受到读者的欢迎，成了畅销书。也正是因此，在这次第十九次印刷的时候，从普及袖珍的文库版改成了单行本。重新排版的字体和图画都大了许多，这样就更有利于读者的阅读了。尽管是自己写的，但拿到新版发行的书时，还是不免充满了新鲜感。为此，十分感谢出版社所付出的努力，也请读者朋友们在重新阅读这本书的时候，一定要深刻思考一下美术教育和孩子的生活、成长，以及道德教育之间的关系，使儿童教育尽早回到科学的近代教育这条正道上来。

这本书是我一九八五年写的，至今已经有很长时间了。然而，围绕着儿童教育的问题却越来越严重。近十年来，父母虐待孩子的现象越来越多，每年有将近十二万孩子逃学，把杀人当作游戏的青少年犯罪现象也在增加。这些所谓的“十七岁问题”真是不胜枚举。虽然日本的教育状况每况愈下，国家投入改善教育条件的预算却在不断增加。在迎接日本教育基本法实施60周年之际，以改善教育制度为名所做的一系列改革，实际上是让情况更加恶化了。如果孩子喜欢幼儿园和学校的生活，就一定会高兴地去上学。那么，如何才能让孩子们喜欢学校生活呢？这才是如今家长们应该绞尽脑汁思考的问题。

希望读了这本书，并认可这里面所写育儿方式的妈妈们能够尽早把这种方式运用到自己的生活中。如果你能够运用“听画”的方式发展孩子的绘画能力，孩子的绘画作品就会充满了艺术性和故事性。然后你就能发现，孩子的表达技巧充满了孩子式的明快。如果获得了邻里之间、幼儿园或小学老师的协助，就能更快地迎来孩子在绘画方面的开花期。

我还要提醒妈妈们，在孩子的涂鸦或绘画作品上，用铅笔注明绘画日期以及绘画内容，这对于再也无法重返幼儿时期的孩子来说是一份珍贵的纪念品，可以等孩子们长大了以后，当作礼物送给他们。当这些孩子成人之后，他们会用同样的方式培养自己的孩子，因为，这些都是来自他们童年的美好经历。如果我们不希望现在的不幸发生在将来的孩子们身上，就不能仅限于横向地传播这种育儿方式，还要纵向地，从父母到儿女，再从儿女到子孙，一代一代地传播下去。把这种正确的育儿理念作为一种智慧载入历史，并且还要使其不断地发扬光大。

另外，在我写这本书的过程中，致力于儿童健康发展的全国教育研究活动正在广泛地进行。能够完成这本书，正是以高知县的教育实践为依据，同时也得到了各方面的通力合作。如果没有他们提供美术教育的实践作品，也不可能成就本书。在这里，我要向他们表达我最真挚的谢意。

鸟居昭美

二〇〇七年三月

《把自由还给孩子》

[德] 苏珊娜 · 米拉乌 / 著

洪樵风 / 译

被誉为德国**“育儿指南中的标杆之作”**！

德国著名婴幼儿教育专家潜心之作

零压力 × 非暴力

无条件接纳孩子，摒弃所有预设期待

去成为你小时候需要的父母！

《让孩子在大自然中成长》

[德]赫伯特 · 伦茨－博尔斯特尔、

[德]格拉尔德 · 胡特尔 / 著

魏萍 / 译

畅销德国的**儿童自然教育指南**

德国著名神经生物学家和儿科医生倾心创作

大自然能为孩子提供的，是我们人类所望尘莫及的。

从大自然中汲取的所有力量，都将成为孩子的铠甲！

《孩子玩手机，家长怎么办》

朱煦 / 著

资深媒体人、家庭教育咨询顾问**朱煦**老师力作

真正解决**“孩子玩手机”**的问题

10余年家庭教育咨询经验，几千个真实案例，79篇精心书写的千字文

直指家长的教育痛点，为迷茫家长指路支招！